Peter und Susan Barrett

Mein Griechenland

Für unsere Kinder Sophie und Ben
und für all unsere alten und neuen Freunde,
denen wir in Griechenland begegnet sind

Eine Gruppe von Schwarzschnabel-Sturmtauchern streift auf der Nahrungssuche dicht über die Wellen dahin. Im Hintergrund eine der kleineren, unbewohnten Kykladeninseln.

Peter Barrett

Mein Griechenland

Natur- und Kulturerlebnisse in einem faszinierenden Land

Text von Susan Barrett

Gerstenberg Verlag

CIP-Kurztitelaufnahme der Deutschen Bibliothek
Barrett, Peter:
Mein Griechenland: Natur- und Kulturerlebnisse
in einem faszinierenden Land/Peter Barrett.
Text von Susan Barrett.
(Aus dem Engl. übertr. von Evelin Roboz).
1. Aufl. – Hildesheim, Gerstenberg, 1987.
Einheitssacht.: Travels with a wildlife artist ⟨dt.⟩
ISBN 3-8067-2033-9
NE: Barrett, Susan:

Aus dem Englischen übertragen von Evelin Roboz.
Die Originalausgabe erschien unter dem Titel
„Travels with a Wildlife Artist“ bei Columbus Books, London.
1. Auflage 1987.
Printed in Italy. ISBN 3-8067-2033-9

Inhalt

Vorwort

Dieses prachtvoll geschriebene und wunderschön illustrierte Buch wird bei all denen, die Griechenland aus eigener Anschauung kennen, eine Fülle von Eindrücken und Erinnerungen wecken; diejenigen Leser, die noch niemals in Griechenland waren, werden, nachdem sie das Buch gelesen haben, spontan den Wunsch verspüren, selbst dorthin zu reisen.

Selten findet man ein Autorenpaar, dessen Arbeit so gut aufeinander abgestimmt ist, wie es bei Peter und Susan Barrett der Fall ist. Susan Barretts lebendiger und fesselnder Text ergänzt und bereichert Peters wunderbar zarte Bilder, die ihrerseits dem geschriebenen Wort eine neue Dimension verleihen.

Ich habe das Buch an einem dieser grauen und kalten Vorfrühlingstage gelesen, an denen Regenschauer wie Schrotkörner gegen die Fensterscheiben prasseln, und fand mich im Geist sofort in Griechenland wieder, dessen Düfte, Farben und Geräusche in so bezaubernder Weise zwischen den Buchdeckeln eingefangen wurden. Es war wie ein dringend benötigter Urlaub an diesem Tag, den selbst ein Schneeglöckchen als kalt und ungemütlich empfunden hätte.

Es liegt auf der Hand, daß beide Autoren nicht nur das Land als solches schätzen und lieben, sondern auch seine Bewohner ins Herz geschlossen haben, und gerade dieser Aspekt kommt im Buch immer wieder sehr deutlich zum Tragen. Auffallend an diesem Buch ist auch die Liebe zum Detail in Wort und Bild, ganz gleich, ob es sich dabei um eine Tempelruine oder eine Müllkippe handelt, um Ziegen, die ein Sandbad nehmen oder um einen Schmetterling, der in gaukelndem Flug ein buntes Hemd umtanzt. Dieses Buch ist eines der wenigen Werke, bei denen man sich als Autor wünscht, man hätte es selbst geschrieben.

„Mein Griechenland“ gehört in das Gepäck eines jeden, der dieses Land besucht, das zu den bezauberndsten der Welt gehört.

Gerald Durrell

Ein Ende und ein Anfang

Grelle Blitzschläge zerreißen den dunklen Nachthimmel über dem Hafen von Igumenitsa und tauchen Sekundenbruchteile lang ein ankerndes Schiff, einen schmalen Streifen Meer und die niedrigen Umrisse mehrerer kleiner Inseln in einen Schleier aus rosafarbenem Licht, wie Nachbilder bei geschlossenen Augen. Das sind unsere letzten Eindrücke von Griechenland, als wir es Ende Oktober verlassen. Wir befinden uns am Ende der letzten von mehreren Reisen, während derer wir an diesem Buch gearbeitet haben. Jetzt, auf der Fähre nach Italien, ist es schwer, sich auf's Schreiben zu konzentrieren. Ein deutscher Passagier, der Anfang der siebziger Jahre in Griechenland gelebt hat – er war Militärattaché an der Botschaft – quillt förmlich über von interessantem Gesprächsstoff. Das Stampfen der Maschinen untermalt ein vielstimmiges Gemurmel aus Italienisch, Amerikanisch, Englisch, Französisch, Deutsch und Griechisch. Jede Sprache hat ihren eigenen Tonfall und ein besonderes Klangmuster. Die wenigen griechischen Laute hier machen uns schwermütig. Obendrein läuft irgendwo im Hintergrund griechische Musik. Da ist es kein Wunder, wenn man bei der Abfahrt rührselig wird.

Wie sehr man auch das Kommen und Wegfahren gewohnt ist – und Griechenland ist ein Land ständigen Ankommens und Abfahrens, mit seinem Wirrwarr von kleinen Gemeinden, Dörfern, Inseln – wie sehr dieses unaufhörliche Hin und Her auch zum Alltag gehören mag, die charakteristischen Redewendungen und Abschiedsformeln, die man dabei austauscht, sind wie winzige Widerhaken, die in der Seele zurückbleiben. Sie sind da, unsichtbar und fest und – ja, wenn wir jetzt auch wegfahren, eines ist sicher: Auch wir werden zurückkommen.

Wir kamen zum erstenmal 1962 nach Griechenland und verbrachten hier, auf der Insel Amorgos, nur von gelegentlichen kurzen Reisen unterbrochen, die nächsten zehn Jahre unseres Lebens. Während der letzten drei Jahre sind wir kreuz und quer durch Griechenland gereist, haben geschaut, zugehört und gelernt und haben auf Band genommen und aufgeschrieben, was wir gesehen, gehört und erfahren haben. In diesem Frühjahr trafen wir Byron Antipas von der griechischen Naturschutzgesellschaft, der unglaublich viel über Spezialisten, Naturwissenschaftler und deren Untersuchungen und Forschungsvorhaben zu berichten wußte. Wir begriffen, wie viel es über die Natur dieses Landes noch zu lernen gibt, wie notwendig vor allem die Wissensvermittlung und Umwelterziehung sind und daß es uns mit diesem Buch bestenfalls gelingen kann, dem Leser die Probleme, um die es dabei geht, ansatzweise bewußt zu machen.

Unser Buch ist kein Reiseführer. Es ist eine subjektiv getroffene Auswahl von Schauplätzen und Erlebnissen, gesehen mit den Augen eines an der Natur interessierten Künstlers und einer an allem interessierten Erzählerin. Wenn es ihm gelingt, ein wenig Neugier und vielleicht sogar Begeisterung zu wecken, dann möge man anschließend zu anderen, spezielleren Büchern greifen, um aus ihnen zu lernen. Sollte unser Buch bei den Lesern den Wunsch wachrufen, selbst aktiv zu werden, dann würde ich es begrüßen, wenn sie sich der Griechischen Naturschutzgesellschaft anschließen. Außerdem wünsche ich Ihnen, daß Sie Ihren nächsten Griechenlandaufenthalt ebenso genießen, wie wir das tun konnten.

Igumenitsa, Brindisi, im Oktober 1985
Susan Barrett

Kreta

Mitten im Winter, wenn nordöstliche Winde aus der Steppe Rußlands schneidend kalt selbst durch den dicksten Mantel dringen, tritt manchmal eine plötzliche Ruhe ein, und das Meer liegt still da wie Glas, und die Luft ist hell und mild und sonnig warm. Diese Schönwetterlagen sind als „halkyonische Tage“ bekannt. Der Name leitet sich von einer Legende ab: Alkyone und ihr Gatte, der König von Trachis, waren in Eisvögel verzaubert worden. Weil die harten Winterstürme ihre schwimmenden Nester immer wieder zerstörten, gewährte ihnen Alkyones Vater, der Windgott Äolus, jedes Jahr um die Zeit der Wintersonnenwende eine zwei Wochen lang anhaltende Windstille. In Wirklichkeit bauen die Eisvögel ihre in sandigen Steilufern gelegenen Brutröhren erst viel später im Jahr, und die „Eisvogeltage“ kommen einzeln und außerdem im Januar. Nun, der Vogel bekam trotzdem den Namen der Königin Alkyone und ebenso die seltenen milden Tage im Winter, die in vielen Sprachen zum Synonym für glückliche und friedliche Zeiten geworden sind.

Von den Höhen einer der Kykladeninseln aus südwärts blickend, kann man an solch einem Tag den Berg Ida auf Kreta sehen. Insel und Berg zeichnen sich dann gestochen scharf am Horizont ab und muten wie eine Illustration zu der alten Legende an.

Kreta, die größte und südlichste Insel Griechenlands, liegt nur 322 km von der afrikanischen Küste entfernt. Die anderen Inseln und Halbinseln scheinen allesamt auf Kreta hinzuweisen, als hinge ihre Sicherheit vom Schutz durch die hohe, festungsartige Insel ab, die sich als mächtiger Riegel in West-Ost-Richtung erstreckt. Verstärkt wird der wehrhafte Eindruck noch dadurch, daß die der Länge der Insel nach verlaufende Bergkette näher an der Südküste liegt und steil zum Meer und in Richtung Afrika abfällt, während der ebenere Teil sich entlang der Nordküste gegen Griechenland hin erstreckt.

Aufgrund der Größe und der isolierten Lage der Insel sowie des Klimas wegen gibt es auf Kreta mehr wildwachsende Pflanzen als irgendwo sonst in Griechenland, und 155 Arten sind nur dort zu finden.

In den Weißen Bergen im Westen kann man, wenn man Glück hat, einen Augenblick lang auf einer hohen, scheinbar unzugänglichen Felsspitze eine *Agrimi* sehen, eine der kretischen wilden Ziegen. Zu den seltensten Anblicken auf Kreta gehört der Bartgeier. Man schätzt, daß es von dieser Art nur etwa 30 Paare in ganz Griechenland gibt. In den entlegenen Teilen der Insel kann man inmitten der eindrucksvollen Schönheit der Bergwelt nicht nur dem Bartgeier, sondern auch anderen Geiern und vielen weiteren Greifvögeln begegnen.

Im Südwesten von Kreta ist Gelb die vorherrschende Frühlingsfarbe. Besonders auffällig sind die Blüten des Gelben Affodills (Asphodeline lutea), des Strauchigen Brandkrauts (Phlomis fruticosa) und verschiedener Ginsterarten. Dieser landeinwärts von Paläochora gelegene Hang ist mit einem Schleier von gelbblühendem Behaartem Dornginster (Calicotome villosa) überzogen.

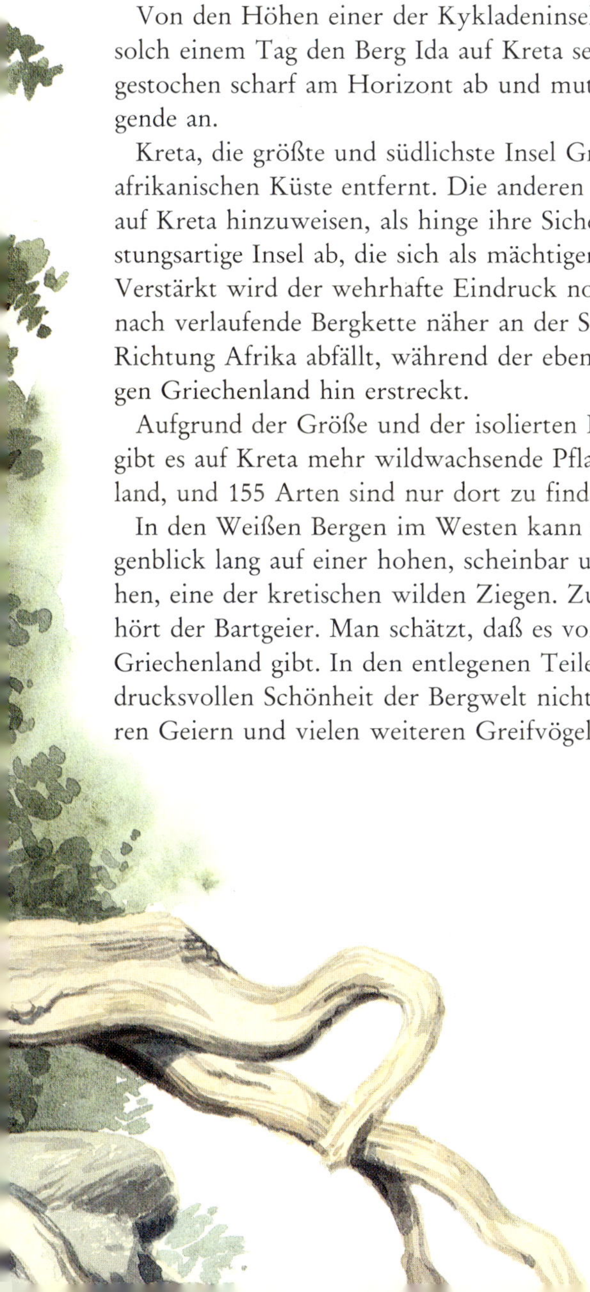

Seite 8: Auf den Luftströmen über der Schlucht von Samaria segeln Alpendohlen. Dieser gigantische Spalt in der Erdoberfläche, die längste echte Schlucht Europas, erstreckt sich von einer Höhe von 1000 Metern in den Weißen Bergen bis hinunter zum 18 Kilometer entfernten Agia Rumeli, das auf Meereshöhe liegt.

Gurnia und Lato

Wie Skulpturen umstehen Zypressen (Cupressus sempervirens) die Kirche von Panagia Kera in Kritsa, die aus dem 14. Jahrhundert stammt. Im April ist der Vorhof mit den Blüten der Mittags-Iris (Gynandriris sisyrinchium) übersät, die sich erst nach 12 Uhr mittags entfalten.

Eine Gruppe von Fremden ist in Gurnia angekommen und hat sich auf einer Treppe in der minoischen Stadt versammelt. Jeder hat vom Reiseleiter ein Blatt Papier in die Hand bekommen, einen Lageplan der Ruinen. Die Leute sind gründlich.

Die Terrasse ist übersät mit Asiatischem Hahnenfuß. Jede goldene Blüte zittert auf einem kaum sichtbaren kurzen Stengel über dem Boden. Es ist eine bewundernswerte Blume. Jede Pflanze steht einzeln für sich; die Leuchtkraft ihrer Blüten ist dem Stein abgetrotzt. Überall blüht auch der Affodill. Er kann es sich leisten, zart zu wirken, denn der hohe, verzweigte Stengel bricht aus einer riesigen, im Boden versteckten Zwiebel hervor. Blaßlila Anemonen drängen sich büschelweise in den Steinspalten. Einen Teppich bildend, hat die Mittags-Iris ihre violetten Köpfe unter der Sonne entfaltet. Am Morgen waren die Blüten auf dem Friedhof von Panagia Kera noch eingerollt gewesen. In der Ferne zieht eine Herde von Schafen und Ziegen mit leisem Schellenklingeln über einen niedrigen gelbbraunen Hügel.

Die Lage vieler alter Orte scheint rein zufällig gewählt zu sein, als hätte sie sich einfach auf irgend einem Hügel so ergeben. Wenn man aber ankommt und mitten in den Ruinen steht, fühlt man, man ist nicht irgendwo und – ja, vielleicht war es wirklich ein guter Platz zum Bauen. Gurnia scheint besonders wahllos angelegt zu sein – warum gerade hier? Die Position Latos dagegen könnte nicht vernünftiger sein. Die beiden Hügel gewähren einen phantastischen Fernblick, der Sattel dazwischen ist geschützt, und unter dem Sattel liegt wie eine Hängematte, versteckt und geborgen, tief eingeschnitten ein grünes, fruchtbares Tal.

Ein alter Mann ist mit seinen Schafen auf dem Weg nach Lato. Er erzählt von seinem Rheumatismus, den er sich in den feuchten Höhlen geholt hat, in denen er während des Krieges als Partisan gelebt hat. Inzwischen haben die Schafe, die wie zufällig unter zottige Wolldecken gekrochene Whippetts aussehen, die Gelegenheit genutzt und sind in alle Richtungen davongelaufen. Schimpfend und ihren Vater ebenso wie die Schafe verwünschend, taucht seine Tochter wütend zwischen den wilden Birnbäumen auf. Sie treibt die Tiere zusammen und führt sie zum Grasen auf eine schmale grüne Terrasse, während sie sich immer wieder zu uns umwendet und den alten Mann einen nichtsnutzigen Schwätzer schilt.

Ein Wiedehopf fliegt im Tiefflug schnell durch die Olivenhaine, wo der Weg die fruchtbare Ebene verläßt und sich steil den Hügel hinaufzieht. Einige Gänsegeier kreisen am Himmel. Ganz oben zwischen den beiden Hügeln befindet sich Lato, ein hochgelegener warmer Platz. Im dichten Gestrüpp tauchen Steinmauern auf. Felsblöcke liegen mitten zwischen weißen Kamillenblüten, Hahnenfuß und Blättern der Meerzwiebel, die in der heißen Sonne bald welken werden. Erst die einsetzenden Herbstregen bringen die Pflanze wieder zum Blühen. Unter einem Johannisbrotbaum wächst ein Büschel giftig aussehender Pflanzen mit dicken, cremig beschmierten Stielen. Es ist die Gemeine Schlangenwurz, die jedoch noch nicht blüht. Schwalbenschwänze, die anderswo selten sind, flattern hier in großer Zahl umher. Die Berghänge sind terrassenförmig angelegt und mit Oliven, Johannisbrotbäumen, blühenden Mandelbäumen und stacheligen Kermeseichen bepflanzt. Von den Hügeln aus kann man weit rundum ins Land sehen, in die buntkarierte fruchtbare Ebene, die sich bis zu den fernen Bergen erstreckt. Im Norden, kaum sichtbar hinter einer Reihe salbeifarbener Hügel, grenzt die weiße Zuckerhutkappe des Agios Nikolaos an die dünne blaue Linie des Meeres.

Es ist ein ruhiger Platz hier oben, dem Himmel näher als das Gewimmel im Tal, und abgesehen vom Gesang der Vögel und dem ständig unterschwellig zu hörenden Gesumme der Insekten im Gehölz herrscht absolute Stille.

Die Gemeine Schlangenwurz (Dracunculus vulgaris) wird zwischen April und Juni etwa einen Meter hoch und steht meistens auf Ödland. Sie trägt eine dunkelbraune bis rötliche Blütenscheide. Auf Kreta findet man mitunter auch eine weißblühende Form.

Zwischen Johannisbrot-, Oliven- und Birnbäumen richtet ein Wiedehopf seine unverkennbare, schwarz getupfte Haube auf. Oft kann man den Wiedehopf mit seinem bräunlichroten Federkleid und den schwarz und weiß gemusterten Flügeln schnell und niedrig durch die Olivenhaine fliegen sehen.

Chamäleons sind vor allem in Afrika und Südasien verbreitet, aber eine Art ist in zwei Gebiete Europas vorgedrungen, nämlich nach Südspanien und Kreta. Es ist das Europäische Chamäleon. Seine Fähigkeit, sich der Farbe des Untergrundes anzupassen, ist seine bekannteste Eigenschaft. Die Grundfarbe ist grün, doch es kann auch fleckig-weiß, grau oder braun werden. Wenn man das Tier stört, nimmt es eine sehr dunkle Farbe an und bläst sich mit Hilfe von Luft auf das Doppelte seiner normalen Größe auf.

Eine tiefe Schlucht trennt diesen hohen Vorsprung des Berges Dikte von einem steilen, terrassierten Hang, auf dem Mandel-, Apfel- und Birnbäume blühen.

Zenia

Schnee und Frost haben in diesem Winter die Olivenbäume verbrannt. Sie stehen wie verkohlt auf den Terrassen und werden jetzt mühsam beschnitten. Ein 73jähriger Mann, der ein paar Terrassen weiter unten arbeitete, bringt Gläser, eine Flasche *Tsikudia* und eine Handvoll Mandeln. Alle Terrassen, sagt er, standen früher voller Mandelbäume, aber vor ein paar Jahren sind sie von einer Krankheit befallen worden, die sie verdorren ließ. Sogar Spezialisten, die die verschiedensten Insektizide anwandten, konnten nicht helfen. Der Mann zählt seine Sorgen auf. Er ist traurig – nicht ohne Grund.

„Früher haben so viele von uns auf diesen Terrassen gearbeitet. Jetzt will niemand mehr arbeiten. Die Jungen haben nur ihr Vergnügen im Kopf . . ." – Er nimmt zur Demonstration die Finger zu Hilfe – „Fußball, Zigaretten, Theater, Kino und Frauen." Es ist, wenn man so in die weite bergige Landschaft schaut, schwer vorstellbar, wo diese Vergnügungen zu finden sein sollen. In erreichbarer Nähe jedenfalls nicht.

„Die wollen sich ihr Brot nicht mehr erarbeiten. Ich hab' zehn Operationen hinter mir, jetzt bin ich wieder bei Kräften, aber . . ." Während er trinkt und redet, hackt seine Frau inzwischen weiter den Boden der unterhalb liegenden Terrasse. Wir hören das Klopfen und Klingen, wenn die Hacke in den roten Boden schlägt und auf einen Stein trifft. Die Erde ist von der Farbe getrockneten Blutes. Ein in einen Hang geschlagener Weg ist eine schartige Narbe, die dabei hervorkommende Farbe eine Wunde, die vielleicht niemals heilt. Von gleicher Farbe sind die rekonstruierten Säulen des Palastes von Knossos, und die Wiederherstellung inspiriert die äußere Gestaltung vieler Neubauten: Büffelhornmotive und Terrakottasäulen.

Weiter oben am Hang bearbeitet eine andere Hacke den Boden, und die Stimmen von Kindern und einer Frau hallen in der blauen Weite wider. Ein dünnes Bächlein plätschert in einer Rinne talwärts. Peter zeichnet die Blüten der wilden Mandeln und Birnen, deren Farben in der Sonne leuchten. Auf den Terrassen wächst Gras, und aus dem Gras dringen die Spitzen von Gladiolenblättern. Anemonen gibt es in lila, malvenfarbenen und purpurnen Farbtönen; dazu ausgedehnte, gelbglänzende Flecken von Scharbockskraut und eine Blume, die wie eine Kreuzung zwischen Iris und Orchidee aussieht: Drei cremiggrüne Strahlen, die in einem purpurnen kugelförmigen Gebilde enden, entspringen bogenförmig dem Stengel. Es ist der Hermesfinger, der im Aussehen etwas an unseren Aronstab erinnert. Jäh verlöschen die unter der grellen Sonne leuchtenden Farben im Schatten eines gegenüberliegenden Berges. Seine durch die Entfernung gedämpften Farbtöne, salbeifarben und graurosa von Buschwerk und Geröll, verblassen schließlich ganz unter einer langgezogenen Wolke. In den Felsspalten halten sich kleine Schneepolster.

Der alte Mann erzählt von seinen beiden Söhnen, die Lehrer an der Grundschule von Agios Nikolaos beziehungsweise Kritsa sind. Eine seiner Schwiegertöchter hat ein Hotel und Appartements. Schon bald, sagt er, wird Griechenland kaputt sein. Es wird niemanden mehr geben, der die Terrassen bewirtschaftet.

Zu der Frau und den Kindern droben kommt jetzt ein junger Mann, der eine Motorhacke bringt. Er beginnt an mehreren Terrassen zu arbeiten, die mit ordentlichen, stabilen Stützmauern befestigt sind. Sein Lastwagen parkt auf dem neu angelegten Weg, der sich von der Straße hier heraufschlängelt.

Später wird das Gerät dann auf den Lastwagen verladen und es wird wieder still. Der alte Mann und seine Frau arbeiten auf einer anderen Terrasse weiter, er mit dem Pflug hinter einem Ochsengespann, sie mit der Hacke zwischen den Furchen.

Frühlingsblumen

Die Flora Griechenlands umfaßt mindestens 6000 Arten, von denen viele nirgendwo anders vorkommen. Kreta allein hat 155 Endemiten, und es gibt in Griechenland keinen besseren Ort, um Frühlingsblumen zu sehen.

Das weißblühende Kretische Alpenveilchen (Cyclamen creticum) wächst an dunklen, schattigen Plätzen. Es blüht von März bis Mai.

Frühlingsalpenveilchen (Cyclamen repandum)

Kretische Schwertlilie (Iris cretensis)

Mittags-Iris (Gynandriris sisyrinchium)

Zwerg-Schwertlilie (Iris pumila ssp. attica). Die wohlriechenden Blüten können blau, rot oder gelb, und mitunter auch zweifarbig sein.

Hermesfinger (Hermodactylus tuberosus)

Pfauen-Windröschen (Anemone pavonina)

Sternanemone (Anemone hortensis stellata)

Kronenanemone (Anemone coronata)

Asiatischer Hahnenfuß (Ranunculus asiaticus). Von dieser Art, die man auf Rhodos, Karpathos und Kreta findet, gibt es drei verschiedene Farbvarianten.

Auf der Straße nach Lassithi

Ein Waldbrettspiel (Parage aegeria) breitet seine blaß orangefarbenen und braunen Flügel auf einer Mandelblüte neben dem minoischen Palast von Knossos aus. Der Falter ist einer der ersten Schmetterlinge, die im Frühling erscheinen.

In den Tälern haben sich die Blätter der Bäume schon entfaltet, aber weiter oben stehen Mandel-, Pfirsich- und Birnbäume noch in Blüte. Saubohnen werden in Bottichen bei den Häusern angepflanzt und stellenweise in den Olivenhainen. Große Flächen sind mit blühender Kamille überzogen, und überall leuchten die hübschen Blüten des Kap-Sauerklees. Die Pflanze verbreitet sich schnell, indem sie in Bodennähe Brutknöllchen bildet, und sie ist inzwischen in Orangen- und Olivenhainen und Obstgärten regelrecht zur Plage geworden.

Eine wildwachsende Pflanze gilt als Unkraut, wenn sie in großen Mengen vorkommt und für den Menschen nutzlos ist. Solche Pflanzen entgehen der Bezeichnung „Unkraut" – und damit ihrer Ausrottung – nur dann, wenn sie an Stellen wachsen, die der Mensch nicht kultivieren kann. Zum Glück für viele Wildpflanzen und für den gesamten damit zusammenhängenden Kreislauf der Natur, von dem wir selbst auch ein Teil sind, gibt es in Griechenland viele solcher Gebiete.

Auf antiken Siedlungsplätzen darf heutzutage kein Vieh mehr weiden und Ackerbau darf ebenfalls nicht mehr betrieben werden. Oft sind diese Plätze eingezäunt.

Alles ist voll von Blumen, aber in zunehmendem Maß werden Herbizide eingesetzt. Die Wurzeln mancher Büsche und Bäume, die sich kraftvoll durch den Stein arbeiten, können sicherlich mit der Zeit eine gewisse Zerstörung bewirken, die zum totalen Zerfall der Kulturdenkmäler führen kann, einjährige Pflanzen und Zwiebelgewächse allerdings richten keinen Schaden an, sondern sie bereichern die verwunschene Atmosphäre verfallener Paläste und Städte. In gewisser Weise fügt so die Natur etwas Menschliches hinzu. Iris, Krokus und Lilien, die man mit so viel Gefühl auf minoischen Vasen und Fresken abgebildet findet, blühen da, wo die Minoer einst lebten. Ein wildwachsender Feigenbaum, der sich, aus dem Stein brechend, an eine einzeln dastehende Säule lehnt, verbindet uns mit der Vergangenheit. Ein Polster von Glockenblumen, das aus einer Steinspalte quillt, die Blütenstände des Affodill auf alten Steinböden, scharlachrote Anemonen, weißer Milchstern, einfache Gänseblümchen und Ehrenpreis, und die Insekten, Schmetterlinge und Vögel, die die Blumen und Büsche anziehen, sie alle sind ein wesentlicher Bestandteil der uns umfangenden Stimmung. In Knossos tanzen gelbgesprenkelte Waldbrettspiel-Schmetterlinge in den Mandelblüten, und der Duft von süßem Ho-

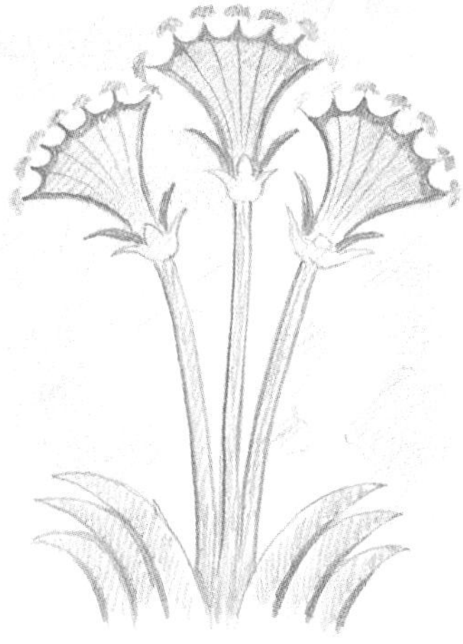

Die Künstler der minoischen Zeit verstanden natürliche Formen anmutig darzustellen. Diese Wandmalereien zeigen die Dünen-Trichternarzisse (Pancratium maritimum) und die Madonnenlilie (Lilium candidum).

Ein Steinadler kreist über Seli Ambelu, einem hohen Gebirgspaß, der zur Ebene von Lassithi führt. Der heftig über den Paß wehende Wind wurde einst zum Mahlen des Korns ausgenutzt. Einige der 26 verfallenen Windmühlen recken immer noch ihre hölzernen Flügel in den Himmel.

nig und Harz hängt in der Luft. Die Terrassen von Phaistos überzieht das Italienische Knabenkraut *(Orchis italica)*, und Agia Triada beherbergt die nur auf Kreta heimische Kretische Ragwurz *(Ophrys cretica)*, eine weißliche Orchidee mit lebhaft dunkel-lila gezeichneter Lippe. Auf den Hügeln von Lato, wo Steine tief im Unterholz liegen, was den Ort seltsam magisch erscheinen läßt, wächst eine Glockenblumenart, die ebenfalls nur auf Kreta zu finden ist, *Petromarula pinnata*, deren Stiel einen Meter hoch werden kann. Würde man all dies vernichten, könnten die antiken Ruinen viel von ihrer Anziehungskraft für alle Menschen, mit Ausnahme einiger eifriger Historiker, verlieren.

Die Ebene von Lassithi liegt hoch in den Bergen im Osten von Kreta. Man erreicht sie von Norden her über einen schmalen Paß, auf dem 26 Windmühlen wie lückige Zähne in den Himmel ragen. Es ist eine fruchtbare Ebene, bemerkenswert wegen der großen Anzahl winklig gebauter windgetriebener Pumpen, die Grundwasser fördern und in die Kanäle zwischen den Feldern leiten. In den umliegenden schneebedeckten Bergen befindet sich hoch oben eine tiefe Höhle, die der Legende nach der Geburtsort des Gottes Zeus sein soll. Wenn in stürmischen Wintern Blitze über die Ebene zucken und der Donner in den Bergen widerhallt, scheint Zeus in seinem Zorn wirklich nicht allzu fern zu sein.

Eine freundliche Höhle verbirgt sich in den Berghängen nördlich der Ebene. Die Höhle von Trapeza ist unserer Welt näher. Zwischen Olivenhainen schlängelt sich ein Pfad bergan, vorbei an Terrassen, auf denen die Bienen-Ragwurz *(Ophrys apifera)* gedeiht und Samtkopfgrasmücken in den Büschen singen.

Orchideen Griechenlands

Orchideen blühen überall in Griechenland, in Buchenwäldern, an buschigen Hängen, an schattigen Flußufern und auf hohen Bergplateaus. Von Februar bis Juli kann man – je nach Meereshöhe und klimatischen Bedingungen – eine unfaßliche Vielfalt von Arten und Unterarten sehen. Auf Kreta gibt es viele endemische und zunehmend seltener werdende Orchideen.

Die Weißen Berge

Vor der Nordostküste Kretas bei Agios Nikolaos liegt die Kri-Kri-Insel, ein Reservat für die *Agrimi*, die Kreta-Wildziege. Vernünftigerweise ist das Landen dort ohne offizielle Erlaubnis nicht gestattet, aber im Sommer finden Bootsfahrten rund um die Insel statt. Diese Maßnahme ist ein Kompromiß, der das Dilemma löst, daß manche diese seltene Tierart erhalten und bewundern, aber andere sie jagen und töten wollen.

In Europa existieren Wildziegen einzig und allein noch in wenigen geschützten Gebieten Griechenlands. Außer der Kri-Kri-Insel gibt es noch einige kleine Reservate auf winzigen Inseln in der Ägäis, aber nicht alle diese Ziegen sind so reinblütig wie jene, die man in den Weißen Bergen findet. Früher waren die *Agrimi* überall auf der Insel ein alltäglicher Anblick. Eine Geschichte voller Kriege, Armut, Hunger und Rebellionen verführt natürlich zum Jagen, und sogar als 1950 Gesetze dagegen erlassen wurden, ging das Wildern weiter. 1955 prahlte ein notorischer Wilderer damit, er habe in seinem Leben über 400 Ziegen erlegt. Da er erst 46 Jahre alt war, machte er seine Sache offensichtlich mit Hingabe. Die Ziegen zogen sich in ein Gebiet zurück, das selbst den hartnäckigsten Wilderer abschreckt, in die Weißen Berge.

Hier, in einem Labyrinth von Schluchten und Felsspitzen, sind die restlichen *Agrimi* relativ sicher. Man sollte meinen, jetzt, nachdem sie zum Nationalsymbol erklärt und ihnen ein Nationalpark zugeteilt wurde, in dem Jagen, Weiden und Baumfällen verboten sind, könnten sie innerhalb des Parks ungestört umherstreifen. Aber das unzugängliche Gebiet ist nur 20 km^2 groß – und inzwischen ist ein neuer Störfaktor aufgetaucht: Mittlerweile besuchen so viele Touristen diese einst wilde und schöne Region, daß die *Agrimi* sich klugerweise noch tiefer in den Schutz der Berge zurückgezogen haben. Das Gebiet, innerhalb dessen sie Wilderern und Ausflüglern ausweichen können, schrumpft mit jedem Jahr.

Da die Zahl der Touristen und besonders die Zahl derjenigen unter ihnen, die seltene Tierarten sehen möchten, zunimmt, nimmt die Zahl der seltenen Tierarten ab. Naturschützer möchten die *Agrimi* von den Herden der Hausziegen fernhalten. Das möchten auch die Hirten, denen das Land gehört, aber ihnen scheint das beste Mittel immer noch das Gewehr zu sein. Denn während es den Naturschützern darum geht, die wilde Art rein zu erhalten, sind die Beweggründe der Schäfer weitaus dringlicher: Sie wollen kostbares Weideland, das heißt ihren Lebensunterhalt, vor unerwünschter Konkurrenz bewahren. Und wie mit der Wildziege, so steht es mit den Wölfen und Bären Nordgriechenlands, mit den Adlern und vielen anderen Arten.

Auf einer hohen Felsspitze in den Weißen Bergen ruht sich eine Kreta-Wildziege für einen Moment aus. Griechenland ist das einzige Land Europas, in dem es noch echte wilde Ziegen gibt. Die Kreta-Wildziege (griechisch „agrimi"), eine Unterart des Europäischen Steinbocks, ist die Stammform aller Hausziegen, und dieses Gebiet auf Kreta ist ihr letzter natürlicher Lebensraum.

Omalos und die Schlucht von Samaria

Die Straße windet sich in gleichmäßig steilen Serpentinen von Kandanos aufwärts, wo eine große Gruppe von Fremden aus einem roten Bus mit dunklen Scheiben – einem sogenannten „Rollenden Hotel" – steigt und zielstrebig durch das Dorf marschiert. Sind sie vielleicht gekommen, um das Wasserwerk zu besichtigen, das eine deutsche Gesellschaft als Wiedergutmachung für die Zerstörung des Dorfes im Jahre 1941 gebaut hat? Oder besichtigen sie das alte Kandanos und die Fresken der zwei byzantinischen Kirchen, die oberhalb des Dorfes zwischen Blumen und Bäumen liegen? Alte Männer sitzen gleichmütig entlang des Gehsteiges auf Caféhaussesseln und schauen, wie die Leute vorbeigehen. Ihre Gesichter sind ausdruckslos. In der langen Geschichte Kretas sind so viele gekommen und gegangen.

Winterliche Regengüsse haben den Rand der Bergstraße weggespült und damit die Alternative, entweder sicher zu fahren oder in den Abgrund zu stürzen, noch ein bißchen mehr eingeengt. Ein über uns kreisender Mäusebussard läßt sich wie ein Kamikaze im Sturzflug herunterfallen, taucht knapp über den Straßenrand hinweg und ist augenblicklich außer Sichtweite. 1000 Meter weiter oben führt die Straße durch die Weißen Berge und weiter zur Hochebene von Omalos, die Anfang April wie eine Mondlandschaft anmutet. Grau und leer dehnt sich das flache Land. Es ist noch zu früh, um die fruchtbare und vom Winterregen noch feuchte Erde zu bestellen und die Gemüsesaat einzubringen. Verfallene Steinhäuser und Ställe gruppieren sich um die Ebene wie malerische Strandhütten um einen See. In

einem abgelegenen Winkel steht eine Gruppe wackeliger, kürzlich erbauter Häuser. Alles ist ruhig, verschlossen, verlassen. Doch in ein, zwei Wochen werden die Leute, die während der Sommermonate die Felder bestellen, von den Dörfern, wo sie den Winter verbringen, hier oben ankommen. Auch das verleiht dem Ort das Flair einer Sommerfrische außerhalb der Saison, vergleichbar mit einem Schweizer Bergsee. In der Mitte der Hochebene, wo sich der blaue Himmel in einem kleinen Weiher spiegelt, blühen zwischen den Riedgräsern ein paar Anemonen. Später im Jahr wird der Boden übersät sein mit einer Fülle atemberaubend bunter Blumen. Jetzt aber sind die einzigen leuchtenden Farbflecken gerade unterhalb der Schneegrenze zu sehen: das Gelb des Krokus und das Himmelblau des Blausterns.

Wir befinden uns eindeutig im Hochgebirge, weit entfernt vom Meer und durch hohe Berge von ihm getrennt. In Wirklichkeit jedoch ist die Hochebene unmittelbar mit dem Hafen von Agia Rumeli verbunden. Ein riesiger Spalt in den Felsen an der Südseite öffnet sich in eine Schlucht, die wie der Geheimgang eines Schlosses zur Küste führt. Es ist kühl geworden. Über Treppen mit Holzgeländern klettern wir über die Felsen abwärts, auf denen sich Kiefern festkrallen, als würden sie jeden Moment abrutschen. Alpendohlen segeln über dem Abgrund, der sich jetzt dunkel vom Blau des Himmels abhebt und sich tief unten in schwarzen Schatten verliert.

Vom 1. November bis Ende April ist die Schlucht von Samaria zwar wegen Steinschlaggefahr gesperrt, aber während der Sommermonate kann man diese mit 18 Kilometern längste Schlucht Europas begehen. Bei all den Annehmlichkeiten, die die Tourismusindustrie bietet, mit Bussen an einem Ende und Schiffen am anderen, ist das heute eine mühelose Wanderung durch eine faszinierend schöne Landschaft. Und es besteht immer die Hoffnung, als Belohnung eine *Agrimi* oder einen Bartgeier zu Gesicht zu bekommen.

Nur Geier beleben im zeitigen Frühjahr die kahle, öde Ebene von Omalos, die später im Jahr ein einziges Blütenmeer wird. Gänsegeier (links) und Schmutzgeier (Mitte) sind hier oft zu sehen, aber der Bartgeier (rechts) wird zusehends seltener.

Paläochora

Es ist ungewöhnlich, diese beiden auf Kreta endemischen Pflanzen nebeneinander blühen zu sehen: die Kretische Osterluzei (Aristolochia cretica) und die dunkelrosa blühende Felsentulpe (Tulipa saxatilis), die vor allem im Westen der Insel wächst.

20 Jahre sind seit unserem letzten Besuch in Paläochora vergangen. Damals schaukelten wir in zwei Wagen über das Geröll der Straße, die einem ausgetrockneten Flußbett ähnelte. Das Dorf, das sich auf einer Landzunge hinzieht, wurde von den Insassen des einen Wagens rundheraus zum Paradies erklärt: Unsere Freunde, die Burges, blieben mit ihrem Baby in Paläochora, das ihnen bei dem Gedanken an die Rückfahrt doppelt verlockend erschien. Der Ort ist so bezaubernd wie ehedem, doch er ist inzwischen gewachsen. An der Spitze, wo die Landzunge endet, liegt der Hafen, der wie eine große gekrümmte Zunge die Boote aufleckt. Dank dieser Landspitze besitzt die Stadt zwei Küstenabschnitte. Die eine Seite fällt felsig und schroff ins Meer ab, der anderen ist ein weiter Strand mit feinem hellem Sand vorgelagert. Auf dieser Seite schießen neue Häuser aus dem Boden, als wollten sie den engen Grenzen der ursprünglichen langen Hauptstraße entkommen. Amerikanische und australische Griechen sind heimgekehrt, um jungen Leuten aus Amerika, England, Australien, Deutschland und Frankreich griechische Spezialitäten anzubieten. Ja, erzählt die Bäckersfrau einer amerikanischen Familie, sie hat auch in den Vereinigten Staaten gelebt, in New Jersey.

Auf den bewaldeten Hügeln über der Stadt leuchten goldene Geißkleeblüten. Ein alter Mann mit einem mächtigen weißen Schnurrbart, ein ausgefranstes Stoffband um die Stirn, in griechischen Hosen und Stiefeln, dreht sich um und winkt. Er hat mit seinen beiden Enkelkindern eßbare Kräuter gesammelt, die sie jetzt in geflochtenen Taschen mit hell- und dunkelroten Streifen heimtragen. Fünf Hunde springen vergnügt um sie herum.

Unterhalb der Straße, versteckt unter überhängenden Platanen, fließt ein rauschender Bach. Peter setzt sich auf eine Bank und zeichnet die aufeinandergetürmten grauen Felsbrocken, über die gischtig-weiß das Wasser schäumt. Es ist ein zauberhafter Platz, ein sonnenfleckiges Gewirk aus Oleander und moosigen, gewundenen Platanenästen mit gelbgrünen frischen Blätterspitzen. Schmetterlinge, es sind Mittelmeer-Zitronenfalter und Hauhechelbläulinge, gaukeln im Schatten der Efeuranken über Felsen und Baumstrünke. Zarte, porzellanweiße Alpenveilchen recken ihre Köpfe wie umgedrehte kleine Regenschirme aus dem trockenen Laub. Ihre fa-

In dieser Wiese an einem Bach steht neben den gestreiften Blütenscheiden des Krummstabs (Arisarum vulgare) die Kretische Ragwurz (Ophrys cretica). Sie ist etwas größer als die verwandte Schnepfen-Ragwurz (Ophrys scolopax). Im Vordergrund ist das Schmetterlings-Knabenkraut (Orchis papilionacea) zu sehen.

dendünnen Stengel sind so zart, daß es ein Wunder ist, wie sie sich zwischen Steinen und Unterholz ihren Weg bahnen können. Am Wasser blüht weiß ein großer Steinbrech. Der schlanke Stengel trägt einen sechsarmigen Blütenkopf, und auf jedem Arm sitzen sieben kleine weiße Blüten, wie Geburtstagskerzen. In den hohen Zypressen und uralten Olivenbäumen mit ihren schwarz gewordenen Stämmen singen Zaunkönige, Kohl- und Blaumeisen. Am seichten Ufer des Baches entfalten sich Farnwedel, und neben einem moosigen Felsen prangen Orchideen mit ihren blaßrosafarbenen Blütenständen: Italienisches Knabenkraut und die Spinnen-Ragwurz *(Ophrys sphegodes)*, eine Orchidee, deren Blüte die Form einer Spinne hat.

Auf einer etwas entfernten Kuppe liegt das antike Elyros. Zwischen Kamillenblüten, roten Anemonen und Orchideen findet man schwarz bemalte Tonscherben. Abrupt fällt das Land ab und bildet mehrere tiefe, von hohen Bergen umgebene Täler, die mit dem äußeren Höhenring nur an einer Seite verbunden sind, wo ein unmarkierter Pfad vom Dorf Rodovani herführt. Durch diesen Engpaß stürmten im neunten Jahrhundert die Sarazenen und überrannten Elyros, das seit der Zeit der Minoer die größte Stadt im Südwesten Kretas gewesen war. Ein paar Meter unterhalb der grasbewachsenen Abbruchkante des Bachufers grinst uns eine Reihe bleckender Zähne an. Wer mag hier wohl das Zeitliche gesegnet haben – ein Schaf oder vielleicht ein Sarazene? Von diesem wunderschönen hochgelegenen Punkt aus ist der Strand von Suia gerade durch ein Kerbtal zwischen den Bergen erkennbar. Aber schwimmen kann Jorgos dort nicht mehr. Die Höhlen am einen Ende sind von Fremden mit Beschlag belegt worden, die die Sommertage gern unbekleidet verbringen. Jorgos, der zum erstenmal damit konfrontiert wurde, als er noch Hafenmeister auf Siphnos war, erklärt seine Bestürzung. Er hat inzwischen erreicht, was er wollte: Er hat Arbeit im größten Hafen seiner Heimatinsel gefunden, und jetzt beklagt er in seinem hübschen Haus in Kania den Verlust eines idyllischen Plätzchens, an dem er sich als Kind gern aufgehalten hat. Die öffentlich zur Schau gestellte Nacktheit der Ausländer ist anstoßerregend und peinlich. Wie im 9. Jahrhundert die Sarazenen mißachten sie die landesüblichen Sitten.

Das landeinwärts gelegene Dorf Suia ist leicht zu verfehlen, denn auf der neuen Straße hat man den Ort rasch passiert.

Jorgos' großartiger Vater mit dem Spitznamen „die Bummelkutsche" ist tot. Nach dem üblichen Trauerjahr besuchte Jorgos' Mutter ihre Tochter in Australien, was wahrscheinlich ihre erste Reise überhaupt war. Jetzt trägt sie schicke, blaugerahmte australische Brillen, und in ihrem gebräunten Gesicht entstehen tausend Lachfalten. Die alten Zeiten waren schwer.

Die Wuchsorte der Immergrüngewächse, zu denen der Oleander (Nerium oleander) und das auch in Mitteleuropa verbreitete Kleine Immergrün (Vinca minor) gehören, liegen vor allem an Bachläufen.

Etwas unterhalb der Schneegrenze blühen Ende März am Rand der Ebene von Omalos der Zweiblättrige Blaustern (Scilla bifolia) und Siebers Krokus (Crocus sieberi var. sieberi), der nur auf Kreta vorkommt.

Die Samtkopfgrasmücke ist besonders typisch für die halboffenen Hänge. Dieses Männchen hat eine seiner Singwarten auf einem Zistrosenbusch oberhalb von Vaï.

Der Palmenhain bei Vaï

Im Hochsommer scheint die Insel der Sonne näher zu sein als jede andere Gegend Griechenlands. An den gebirgigen Nordhängen und entlang der nordwärts gerichteten Küste wird die Hitze durch die Brisen aus der Ägäis gemildert, aber an der durch die Berge vom Norden abgeschirmten Südküste ist man wie auf einem Gesims zwischen Himmel und Meer einer Sonneneinstrahlung von afrikanischer Intensität ausgesetzt. Man kann Eier auf den Steinen braten, sagen sie hier. Wenn einmal der Wind weht, dann ist es wahrscheinlich ein Schirokko, ein brennend heißer Südwind, der sogar manchmal roten Wüstenstaub mit sich bringt, der über den steinigen, mit gelbblühenden Disteln bewachsenen Hängen niedergeht.

Jetzt im Frühling bläst ein heftiger Schirokko, der das Meer zu hohen Rollern aufpeitscht, die schäumend an den Sandstrand bei Vaï donnern. Hier liegt wie eine Oase, geschützt und eingezäunt, hinter dem felsenumsäumten Strand ein Palmenwald. Bei den Bäumen handelt es sich um wilde Dattelpalmen, von denen man annimmt, daß sie in Kreta seit jeher heimisch sind. Die genaue wissenschaftliche Bezeichnung lautet *Phoenix theophrasti greuter*. Die Brandung, der Sand und die schwankenden Palmwedel verleihen dem Ort ein tropisches Ambiente. Dieser mit verschiedenen kugeligen Büschen bewachsene Hang ist ein besonders reichhaltiges und wohlriechendes Beispiel der Phrygana, einer vor allem für kalkhaltige Hanglagen typischen Vegetationsform. Huxley und Taylor erwähnen in ihrem Buch über die Flora Griechenlands, daß Theophrast im 3. vorchristlichen Jahrhundert diesen Lebensraum so interessant fand, daß er ihn – und zwar unter derselben Bezeichnung wie wir heutzutage – beschrieb. Es ist interessant, daß die Dattelpalmen heute seinen Namen tragen. Hat er sich vielleicht selbst hier aufgehalten? Die Häuser, Städte und Dörfer jener Zeit sind zu Ruinen verfallen oder liegen unter Feldern verborgen, aber die Phrygana sieht noch genau so aus, wie er sie schilderte: Rosmarin, Lavendel, Thymian, Basilikum, Majoran und Salbei, und dazu all die Sträucher, die sich mit scharfen Dornen und Stacheln schützen: Dornige Bibernellen *(Sarcopoterium spinosum)*, die Dornbusch-Wolfsmilch *(Euphorbia acanthothamnos)* und das Krähenbeerblättrige Johanniskraut *(Hypericum empetrifolium)*, das wie winziger Ginster aussieht.

Ein Hügel wie dieser, auf dem heute nichts anderes wächst als vor 2300 Jahren, zu Theophrasts Zeiten, mag uns unveränderbar vorkommen, doch in Wirklichkeit ist er ein Beispiel für die Wirkung, die der Mensch auf die Welt ausübt, von der er Besitz ergriffen hat. Die Phrygana ist das dritte Degenerationsstadium der natürlichen Vegetation im mediterranen Bereich. Als der Mensch zum erstenmal in Kreta auftauchte, dürfte ein Wald aus immergrünen Eichen und Kiefern mit einem Unterwuchs aus kleinblättrigen Sträuchern und Stauden die tiefergelegenen Hügel bedeckt haben. Im Lauf der Jahrhunderte wurden die Bäume für den Haus- und Schiffbau und die Sträucher als Brennholz verwendet. Wird der Holzeinschlag sehr intensiv betrieben, kann sich der Wald nicht mehr verjüngen. Auf den Hügeln breitet sich dann ein Dickicht aus höheren Sträuchern aus: Erdbeerbaum, Stein- und Kermeseichen, Wacholder, Myrte, Baumheide, Geißkleearten, Terpentin-Pistazien und der Mastixstrauch sind besonders typisch. Das ist die sogenannte Macchie, die so viele griechische Inseln dunkelgrün überzieht. Sie versorgt die Menschen mit vielerlei nützlichen Dingen: mit Gummi, Harz, Tannin, mit Farbstoffen, Heilkräutern, Reisig und Holzkohle, und außerdem mit Zaunpfählen, um die Ziegen und Schafe zusammenzuhalten. Diese Haustiere und ihr Bedarf an Futter waren es auch, die zum dritten Stadium der Degeneration, d. h. zur Ausbildung der Steppenheide oder Phrygana, geführt haben. Durch Überweidung und zusätzliche Mahd kommt es zu Bodenerosion und zur Verkarstung der felsigen Hänge. An solchen Stellen wachsen nur noch kurzblühende einjährige oder tiefwurzelnde perennierende Pflanzen, Zwiebelgewächse, Disteln und mancherorts Gras. Die Wissenschaft bezeichnet diese Entwicklung als Degeneration.

Bei den Dattelpalmen (Phoenix dactylifera), die oberhalb des Strandes von Vaï wachsen, handelt es sich um das einzige wirklich ursprüngliche Vorkommen dieser Art in Griechenland. Die Art ist auch unter dem Namen Phoenix theophrasti bekannt – eine Erinnerung an den Philosophen Theophrast, der im vierten Jahrhundert v. Chr. eine „Geschichte der Pflanzen" schrieb.

Die Peloponnes

Jemand bezeichnete einmal die Balkanhalbinsel als die „Rockschöße Europas“ – eine treffende graphische Beschreibung des griechischen Festlandes, das sich dort, wo das Land ins Meer übergeht, aufzulösen scheint und wie zu Lumpen und Fetzen zerrissen ausschaut.

Der Golf von Korinth zwischen der Peloponnes und dem Festland ähnelt mehr einem Binnensee als einem Meer. Im Westen verengt er sich bei der Stadt Patras, und die Fähre von Rion nach Antirion benötigt kaum eine halbe Stunde für die Überfahrt. Am breitesten ist der Golf da, wo er die hohen Bergketten des Festlandes von denen der Halbinsel trennt, und er endet an der Landenge von Korinth. Diese Landenge wurde erst vor hundert Jahren durch den Bau eines künstlichen, tiefen Kanals durchschnitten. Es führt eine Brücke hinüber, die so kurz ist, daß man den Glanz des schmalen Streifens blauen Wassers tief unten beinahe übersieht, wo gerade eine ausladende Fähre, die senkrechten Felsen fast streifend, hindurchfährt.

Die Halbinsel schaut auf der Landkarte wie eine dreifingrige Hand aus, deren „Daumen“ parallel zur Landspitze des Festlandes verläuft, wo Athen und Attika in die Ägäis übergehen. Die maximale Nord-Süd-Ausdehnung der Peloponnes beträgt 211 Kilometer, die größte Breite 214 Kilometer. Aber solche Entfernungen werden bedeutungslos, sobald man die Brücke überquert, denn auf magische Weise vergrößert sich die Peloponnes. Rund um die hoch aufsteigenden Bergmassen schlängeln sich überallhin Straßen, von denen jede in ein anderes Land führt. Dies und die Verschiedenheit der Landschaften und des Klimas geben einem das Gefühl, auf einer Insel zu reisen. Während auf dem Berg Helmos noch im Juni Schnee liegt und der große Krokus *sieberi tricolor* mit rosarot, weiß und gelb gezeichneten Blüten weite Flächen überzieht, wirkt die Landschaft im äußersten Süden eintönig gelblich oder graubraun, und nur Oliven und Feigenkakteen setzen dort ein paar blasse farbliche Akzente.

Am Ufer des seichten Pheneossees stolzieren Seidenreiher umher, während sich die Wasserfläche in der Hitze zusehends verringert, doch 800 Meter höher in einem eiskalten Bach, der mitten durch ein saftig-grünes Hochtal in den Bergen bei Kalavrita rauscht, tauchen Wasseramseln nach Insektenlarven. Im Herbst leuchten zwischen den Felsen des Taygetos die hellrosa Blüten von Boissiers Herbstzeitlose *(Colchicum boissieri)*, einer Pflanze, die eigentlich in Israel und im Libanon zu Hause ist, und in der gleißenden Augusthitze teilen sich Eisvogel und Felsenkleiber die gleiche Felsnische im Golf von Messiniakos.

Oben: Fährt man von Agios Nikolaos auf der Mani ein Stück landeinwärts, kann man die dunklen Silhouetten dieser Zypressen bewundern.

Unten: Anfang April sind die Kastanien an den Hängen des Berges Parnon noch unbelaubt.

Seite 24: Am Stadtrand von Mistra genießt eine Peloponnes-Eidechse (Pordarcis peloponnesiaca) die wärmenden Sonnenstrahlen.

Epidauros

Zwei Männchen des Schwalbenschwanzes (Papilio machaon) umflattern einander. Da dieser prächtige Tagfalter in Südeuropa alljährlich zwei bis drei Generationen hervorbringen kann, sieht man die Tiere dort überall bis in Höhen von 2000 Metern über dem Meer.

Von Korinth aus folgt eine stetig ansteigende Straße der Ostküste des peloponnesischen „Daumens“. An den schroffen Felshängen heben sich dunkelgrüne Zypressen spitz gegen den Himmel und das Meer ab. Über Galatea tanzen Mittelmeer-Zitronenfalter und Schwalbenschwänze zwischen leuchtend rosafarbenen Sternhaarigen Zistrosen und den buttergelben Blüten des binsenähnlichen Spanischen Ginsters. Der Boden ist über und über bedeckt mit Glockenblumen, Akelei, kleinen Polstern hellrosafarbener Wicken, blaß lilablauen Skabiosen, duftigem, blaublühendem Borretsch und Gewelltblättrigen Königskerzen, die ihre hauchzarten gelben Blüten hier und da auf den hohen Stengeln schon öffnen. Die Sonne scheint durch das saftige Rotgelb der frischen Triebe der Terpentin-Pistazien und funkelt auf den winzigen Blüten. Weiter draußen ist das Meer an solch einem windstillen Tag mondsteinblau. Südwärts krümmt sich das Land in einer schmalen Halbinsel zurück, die zu den Inseln Angistri und Ägina führt, und die dunkelgrüne Form des Spiegelbildes scheint fast so viel Substanz zu haben wie das Land selbst.

In Epidauros breiten Pinien über schiefen Stämmen ihre Schirmkronen aus, in die die Sonne scharfe Schatten malt – Scherenschnittformen, die im Amphitheater als Bühnenbilder eingeschoben werden könnten.

Es ist ein schulfreier Tag. Von Bussen am Parkplatz her dringen helle aufgeregte Stimmen. Und mit einem Mal ergießt sich ein Schwall von bunt gekleideten schnatternden Kindern auf die Bühne. Für einen Augenblick bildet sich in der Mitte ein Kreis aus roten, türkisfarbenen, hell- und dunkelblauen, smaragdgrünen und weißen Formen, der sogleich wieder auseinanderbricht.

Lichtnelken wachsen aus Spalten in den Steintreppen; ihre dicht gedrängten Blütenköpfe sind rosa und mit weißen Rüschen besetzt. Dunkelblaue Traubenhyazinthen recken ihre Köpfe an den steinernen Sitzbänken empor, und unten in den Ruinen breiten sich wie kleine Blutlachen ausgedehnte, mit Kronenanemonen und Pfauen-Windröschen bewachsene Flächen aus, manche klein und orangerot, andere scharlachrot und leuchtend wie chinesische Seide.

Hoch am Himmel ruft klagend ein Mäusebussard, und zwischen den Pinien flattern Eichelhäher umher, deren schrille Schreie sich manchmal wie eine täuschend ähnliche Nachahmung der aufgeregten Rufe der Lehrerinnen unter uns ausnehmen.

Tolon

Die Riesen-Smaragdeidechse (Lacerta trilineata) ist die größte Eidechse Griechenlands. Ihr Schwanz erreicht die doppelte Länge des übrigen Körpers.

Das zerklüftete Vorgebirge von Asini, das östlich der Bucht von Tolon ins Meer ragt, sieht aus wie ein perfekt angelegter Natur-Steingarten. Felsbrocken, Mauerreste und Steinplatten liegen weiß-grau und verwittert zwischen runden Polstern verschiedenfarbiger Wolfsmilch. Schon der April läßt den trocken-heißen Sommer erahnen, der uns bevorsteht, und während manche Polsterpflanzen noch glatt und grün glänzen, beginnen andere schon schlaff zu werden, rötlich und welk. Wahre Kaskaden blauer Glockenblumen ergießen sich aus den Felsspalten. Flaumige, rosafarbene Baldrianblüten leuchten in dunklen Nischen, und zwischen hohen Gräsern wiegen sich langstielige eisblaue Skabiosen. Rauchschwalben schießen über uns hinweg wie wellenreitende Fische, als würden sie auf den Luftströmungen windsurfen. Eine kräftige grüne Eidechse reckt ihren schildkrötenartigen Hals, der an der Unterseite blaß orangefarben ist, um uns Störenfriede neugierig zu fixieren.

Zwei Schwalbenschwanzmännchen kämpfen in der blauen Luft, indem sie ihre gelb, schwarz und weiß gestreiften Flügel gegeneinanderschlagen. Dabei entsteht ein leise klickendes Geräusch. Wie können so schöne und zarte Lebewesen nur dermaßen aggressiv sein? Wie können so feine Flügel solch einen Laut verursachen? Peter, der in der Nähe sitzt und zeichnet, sagt, Schmetterlinge hätten genau abgegrenzte Territorien. Asini, eine befestigte Stadt, die bereits seit der frühen Bronzezeit besteht, die Tausende von Jahren lang gegen unzählige fremde Volksstämme verteidigt wurde, dieses in Ruinen liegende, blumenübersäte Asini ist vielleicht nicht groß genug für zwei Schwalbenschwanzmännchen.

Mykener, Griechen, Römer, Venetianer und - in jüngster Zeit - Italiener (auf einem Geschützstand finden wir einen italienischen Namen und die Jahreszahl 1942 eingeritzt), sie alle haben über diese Bucht zu der winzigen, keilförmigen, dunkelgrünen Insel hinübergeschaut, wo jetzt eine Treppe zu einer von Zypressen umstandenen kleinen weißen Kirche mit einem roten Ziegeldach hinaufführt. Auf der anderen Seite des Vorgebirges erstreckt sich ein langer gerader Sandstrand, hinter

An den uralten Mauern von Asini blüht die Felsenglockenblume (Campanula rupestris).

Das Vorgebirge von Asini ist ein großer natürlicher Steingarten mit einer Vielzahl von blühenden Pflanzen.

dem eine große Orangenplantage zu erkennen ist, an deren Bäumen der Frost im letzten Winter die Triebe und Knospen verbrannt hat. Ein kürzerer Streifen feinen Sandes führt zur Stadt Tolon, die in den letzten zehn Jahren bis zur Unkenntlichkeit gewachsen ist. Der Sommer fängt hier früh an, wie die vertrockneten Wolfsmilchpolster und die zahlreichen Touristen zeigen.

Unser Kellner klärt uns über die Eigenschaften auf, die für die Nationalität der Gäste jeweils typisch sind. Die Griechen werfen Zigarettenschachteln und Servietten auf den Boden und führen sich bei Tisch derart auf, daß es eine Plage ist, sie zu bedienen. Italiener prellen gern die Zeche. Wenn das Restaurant voll ist und die Rechnung auf sich warten läßt, gehen sie, ohne zu bezahlen. Die Deutschen sind in Ordnung. Die Engländer sind problemlos, denn bevor sie eine Klage äußern, sagen sie lieber „thank you" und kommen nie wieder. Die Franzosen dagegen machen entsetzlich viel Theater. Er selbst ist vor elf Jahren von Tripolis herübergekommen, als der Touristenboom anfing. Im Winter betreibt er eine Reinigung. Die Fremden kommen von Jahr zu Jahr früher. Manche leben bereits das ganze Jahr über hier. Die Besitzerin eines Hotels läßt einen Iraker in einem Lagerraum im Erdgeschoß wohnen, wofür er als Gegenleistung kleine Arbeiten verrichtet. Die irischen Mädchen, erzählt sie, waschen im Sommer gegen Kost und Logis Geschirr ab und helfen beim Orangenpflücken. „Sie tun mir leid", sagt sie, „sie haben mir erzählt, daß sie vor dem Krieg geflüchtet sind."

Von Astros nach Sparta

An den Hängen des Parnon, oberhalb von Kastanitsa, wächst ein dichter Wald aus Kastanienbäumen. Früh im April überzieht den Hügel das fast lilafarbene Geflecht ihrer kahlen Äste. Vom Aleppos, einem nahegelegenen Gipfel, wo noch Spuren von Schnee zwischen den Tannen schimmern, bläst ein heftiger Wind in die Täler hinunter und wirbelt das Laub vom vergangenen Jahr, das dicht den Boden bedeckt, wie große braune Papierfetzen durcheinander.

Kastanitsa befindet sich auf einem felsigen, 850 m hohen Vorgebirge. Es sieht aus, als sei das Dorf beim Sturz von den darüberliegenden Bergen von diesem Vorgebirge aufgefangen worden und über dem steil abfallenden Tal hängengeblieben. Die weißgetünchten Steinhäuser mit ihren braunen Ziegeldächern und wackeligen Holzbalkonen kleben in allen möglichen Winkeln übereinander am Hang. Die Grundschule wird von fünf Kindern besucht, und im ganzen hat das Dorf an die hundert Einwohner. Aber im Sommer, sagen sie, ist es überfüllt. Ganze Familien, die das Jahr über in Tripolis, Argos und Astros arbeiten oder die Schule besuchen, kehren dann heim, um die heißesten Wochen des Jahres im Schatten der Kastanien und am klaren Wasser der Bergbäche zu verbringen.

Auch Astros liegt auf einem Vorgebirge, aber in Meereshöhe. Auf einer Seite erstreckt sich feuchtes ebenes Gelände, das dicht mit Schilfrohr und Tamarisken bewachsen ist, von den Ausläufern der fernen Berge bis zum Meeresufer. In einer langgezogenen Kurve führt die Straße hinauf zur Burg, auf den höchsten Punkt der niedrigen Vorberge. Astros selbst liegt auf der anderen Seite des Hügels, oberhalb des Hafens.

Von den Spitzen der rosafarbenen flaumigen Tamariskenzweige, deren Konturen sich mit den schwankenden Rispen des Schilfrohrs gegen den blauen Himmel und die schneebedeckten Kappen der Berge abheben, singen Grauammern und Seidensänger. Eine Straße windet sich zwischen den Hügeln hinauf, wo auf grünen Terrassen dicht und weiß Mandel- und Birnbäume in Blüte stehen. Scharf zeichnet sich die Silhouette eines Schäfers mit seinem Hirtenstab ab, dessen Herde glöckchenklingelnd zwischen den Büschen weidet.

Auf einem schwankenden Schilfhalm unweit des Strandes von Astros singt ein Seidensänger (Cettia cetti); die Grauammer bevorzugt als Singwarte einen exponierten Zweig. Während auf den Gipfeln des Parnongebirges noch Schnee liegt, überziehen die Blüten der Tamarisken das Ufer mit einem rosafarbenen Schleier.

Schmale Pfade schlängeln sich wie rote Bänder über die mit dichtem Gestrüpp bewachsenen Hügel. Mit weit ausholender Geste weist uns der Schäfer die Richtung. Aber nachdem der Weg mehrere Hügel umlaufen hat, führt er nicht zum Fuß des Parnon hinauf, sondern talwärts auf einen geschützten grünen Absatz, auf dem wir eine kleine byzantinische Kirche finden, in zeitloser Stille, in der nur das leise Plätschern eines Wasserfalls zu hören ist, der sich aus einer Felsspalte ins Tal ergießt.

Das Kirchlein hat für seine Größe ungewöhnlich hohe Mauern, und die mittlere, achteckige Kuppel ist abwechselnd in von der Sonne ausgebleichten Rosa- und Blautönen getüncht. Durch eine zerbrochene Glasscheibe im abgesperrten Tor sind verblaßte Fresken zu sehen. Früher hätte sich die Tür in den staubigen, spärlich erleuchteten Innenraum knarrend geöffnet, eine erschreckte Fledermaus wäre heraus in die Sonne geflattert, auf einem wackeligen, wachstuchbespannten Tischchen hätten ein paar Kerzen und eine feuchte Zündholzschachtel gelegen; es wäre möglich gewesen, eine Kerze anzuzünden und ein Gebet zum Schutzpatron der kleinen Kirche zu sprechen. Im flackernden Licht wäre das Blau und Gold, das Karmesinrot und Grün der verblaßten Wandbilder lebendiger geworden, und die traurigen Augen der Heiligen hätten einem einen ruhigen Blick geschenkt. Aber zu viele Ikonen sind gestohlen, zuviel ist zerstört worden. Das Unzugängliche wurde zugänglich, und heute bleiben die Tore verschlossen.

Eine riesige Glocke hängt am Ast einer alten krummen Platane, die, von einer runden Steinbank umgeben, im Hof der Kirche steht. Kirschrote Alpenveilchen leuchten von den schattigen Ufern des steilwandigen Baches herüber, dessen eiskaltes Wasser sich in einem Steinbecken sammelt. Mit kaum hörbaren Flügelschlägen fliegt eine Zwergohreule im hellen Sonnenlicht über eine Wiese, auf der in strahlendem Weiß Birnbäume blühen. Eine Schildkröte überquert unseren Weg und verkriecht sich, als sie ein Geräusch hört, ins dichte Dornengestrüpp einer Kermeseiche, wo sie, obwohl ihr Panzer noch zur Hälfte zu sehen ist, gleich einem Vogel Strauß verharrt. Sie ist offenbar überzeugt, daß sie hier niemand entdeckt.

Wir nehmen einen Hirten, der in einem einsamen Häuschen nicht weit von der Kirche wohnt, in die nächste Ortschaft mit, wo er uns den richtigen Weg nach Kastanitsa zeigt und die Paßstraße über die Berge. „Manche Leute", sagt er, „schikken andere gern in die falsche Richtung. Sie finden das lustig." Aber wahrscheinlich dachte der Hirte, der uns den falschen Weg wies, daß ein Besuch in Agia Triada viel interessanter sein müsse als der Versuch, den Paß zu überqueren. Dort liegen im Winter 30 Zentimeter Schnee. Der Paß wird auch im Sommer nur selten benutzt, und möglicherweise ist er auch jetzt noch unpassierbar. Der Hirte erzählt, er habe fünf Kinder, die in Toronto lebten, wo es eine Menge Schnee gebe. Eines von ihnen werde über Ostern nach Haus kommen.

Jenseits des Dorfes Haradros überwindet die Straße die erste Hügelkette zwischen grünen Terrassenhängen. Viele kleine Bäche stürzen in senkrechten Bergspalten zu Tal; an den Ufern blühen unzählige scharlachrote Anemonen und purpurne Alpenveilchen. Unten im nächsten Tal führt die Straße über eine Brücke, unter der ein Fluß über Gesteinsbrocken rauscht. Auf Felsen im Flußbett wachsen Platanen, deren Blätter sich gerade erst als zitronengelbe, noch eingerollte Tupfer zu zeigen beginnen. Hoch oben in den Lüften kreisen Kolkraben. Die über den Hang verstreuten Häuser des Dorfes Platanos rücken talwärts immer dichter aneinander, bis sie schließlich, wie ein gestauter Fluß in der Bewegung, eingefroren zu sein scheinen.

Ein roter Lastwagen mit Teppichen, Stoffen und Bettwäsche aus Argos bleibt stehen, und die drei Leute, die eng zusammengedrängt auf der Vorderbank sitzen, erkundigen sich, ob die Straße jenseits Kastanitsa befahrbar sei! Sie hätten gehört,

In den Bergen begegnet man häufig Kolkraben, die über den Gipfeln kreisen und segeln.

Der in Griechenland noch recht häufige Steinkauz zeigt sich auch am hellichten Tag auf Zaunpfählen und Mauern.

sie sei immer noch durch die Schneeschmelze und den Morast blockiert. Der Feldgendarm, der für die 35 000 *stremmata* Land (3 500 Hektar) zwischen Haradros und Kastanitsa verantwortlich ist, geht voraus. Er erzählt, es gebe viele Füchse und Steinmarder in den Bergen, aber keine Wölfe mehr. Die Edelkastanien, die dem Dorf seinen Namen gaben, sind auch die Lebensgrundlage der Bewohner; sie verkaufen sowohl die Maronen als auch das Holz.

Peter zeichnet einen riesigen alten Kastanienbaum, der mit seinem knorrig verdrehten, von Moos und Flechten bewachsenen Stamm – um den herumzugehen fünfzehn Schritte kaum genügen – wie ein Hüter des Waldes dasteht. Nicht weit über dem Boden ist der Stamm oberhalb eines Wulstes gespalten, und in dem Spalt erkennen wir undeutlich etwas, das ein zweiter junger Baum zu sein scheint. Das Ganze sieht aus wie ein Tor mit rundem Bogen, ein Tor in ein unbekanntes Reich vielleicht. Würde es nachts geöffnet, wer weiß, welch seltsame Kreaturen es entließe? Vor solch einem Baum verfällt man leicht in denselben Aberglauben wie die Landbevölkerung und knüpft schon einmal ein Tuch an einen Ast, um böse Geister fernzuhalten.

Diese Breitrandschildkröte (Testudo marginata) versucht sich unter einem Kermeseichenbusch zu verstecken. Der gewölbte Rückenpanzer ist sehr charakteristisch.

Weiter oben stehen moosige Fichten, und in den tiefen Mulden liegt Schnee. Ein Traktor hat am Vortag den Paß geräumt, schmutzig-braune Schneehaufen türmen sich zu beiden Seiten der aufgeweichten Straße. Vielleicht hat unsere flüchtige, an die Baumgeister gerichtete Beschwichtigungsformel bewirkt, daß unser Auto durchkommt. Aber kein Taschentuch, kein blaues Band, kein wie immer gearteter Talisman, hängt an den Zweigen, und folgerichtig gibt es plötzlich ein krachendes Geräusch: Ein Felsbrocken hat unseren Schalthebel aus seinem Gelenk geschlagen, und er schleift auf der Straße. Wird die Sardinenbüchse bis zum nächsten Fahrzeug, das vorbeikommt, halten, und wird das in zwei Tagen sein oder in einer Woche? Wie weit ist es bis zur nächsten Behausung, 10 oder 20 Kilometer? Aber dann findet Peter ein Stückchen Band vom Beutel für seine Malutensilien, und indem wir uns jeder auf einer Seite des Wagens hinlegen, gelingt es uns, mit je einer ausgestreckten Hand den Schalthebel zu fixieren. Nachdem wir einige Kilometer im Leerlauf die scharfen Haarnadelkurven hinuntergerollt sind, ist der Knoten fest genug, so daß man den dritten Gang einlegen kann.

Als Sparta endlich auftaucht, ist es nicht der Blick über die ausgedehnte grüne Ebene bis hin zum majestätisch aufragenden Taygetos, der uns erfreut, sondern der Mechaniker in seiner Werkstatt, und später das lebendige geschäftige Treiben der Stadt mit ihren Videotheken und Soldaten, ihren italienischen Eiscreme-Maschinen und Schnellimbiß-Lokalen, mit ihrem Asphalt und – ihrer leichten Erreichbarkeit.

Ein Ziegenhirte mit seiner Herde am Fuß des Parnongebirges

Nicht alle Zypressen zeigen den bekannten säulenförmigen Wuchs. Diese weit ausladenden Exemplare stehen in Mistra vor einer aus dem 14. Jahrhundert stammenden Kirche.

In den Fensterbögen einer alten Kirche haben Seidenbienen ihre Nester angelegt.

Ein Großer Fuchs (Nymphalis polychloros) sonnt sich auf einem Stein, während ein Mittelmeer-Zitronenfalter (Gonepteryx cleopatra) und ein Weißling (Euchloe ausonia) an den Blüten der Nachtviole saugen.

Mistra

Wir gelangen durch einen gelb und grün knospenden Dschungel an eine niedrige Mauer der Burg, die die Bergspitze von Mistra krönt. Die Vegetation wuchert in diesem von einem Blätterdach beschatteten Hohlweg viel üppiger als anderswo. Zwischen enorm hohen Wolfsmilchsträuchern steht Riesen-Knabenkraut *(Barlia robertiana)*, das nach Tallilien duftet, und Rutenkraut *(Ferula)* mit riesigen, mehrfach gefiederten Blättern am Fuß des dicken mannshohen Stengels und vielen Blütendolden, die sich gerade öffnen. Affodill wurzelt in dem weißen und terrakottafarbenen Geröll an der zerbröckelnden Mauer, die bedenklich nah am Abgrund steht, der die Burg auf drei Seiten umgibt. Teile der unteren Hänge des Taygetos sind erodiert, so daß zerklüftete, von dichten Gebüschen überzogene Steilabfälle und schroffe Felsgrate übriggeblieben sind, die die zerstörende Kraft der Naturgewalten eindringlich vor Augen führen. Die byzantinische Stadt Mistra klebt auf solch einer aufragenden Felsspitze. Ihre mit Kopfsteinen gepflasterten Gassen und Stufen zwischen den verfallenden Häusern, Palästen und Kirchen überziehen mit einem terrakottafarbenen und sandsteinhellen Muster den stufigen Hang, der nach Osten auf die wellige Flußebene des Evrotas herabschaut. Helle rote Felder und in geraden Reihen gepflanzte Olivenbäume erstrecken sich wie Teppichornamente weit in die Ferne. Am Horizont erkennen wir eine Kette sanft gerundeter Hügel, hinter denen andeutungsweise die schneebedeckten Kappen des Parnongebirges zu sehen sind.

Die steil ansteigenden gepflasterten Wege im Labyrinth der verfallenen Häuser und restaurierten freskoreichen Kirchen sind mit Frühlingsblumen gesäumt. Deren Artenzahl und Farbenvielfalt ist schier überwältigend: Anemonen in allen Rotschattierungen, tiefrosa blühender Baldrian, blaßrosa Storchschnabel und Affodill, malvenfarben blühender Klee, Wicken und Mondviolen, daneben in verschiedenen Gelbtönen Ringelblumen und Salbei, dazwischen hellblaue Ochsenzunge und Ehrenpreis und viel Weiß von Milchstern und Gänseblümchen, all diese wuchern über Steine und Mauern, sind in Bogengängen zu Teppichen ausgebreitet oder leuchten unter Felsblöcken hervor. Auf einem Stein sonnen sich Eidechsen: ein Männchen der Peloponnes-Eidechse im Hochzeitskleid, dessen Farben im Sonnenlicht funkeln, und eines der gestreiften weiblichen Tiere.

Felsenkleiber, Amseln und Grasmücken singen im Gesträuch. An den Mandelbäumen sind an diesem geschützten Standort schon Blätter zu sehen. Die schwarzen Silhouetten der Zypressen zeichnen sich schwarz vor dem Hintergrund ab, und da und dort bricht in blühender Fülle das atemberaubende Purpurrosa des Judasbaumes hervor. Jeder dieser Bäume ist vom Gesumme unzähliger, nektar- und pollensammelnder Insekten erfüllt.

Große schwarze Bienen fliegen hin und her. Sie sind emsig dabei, in den Fensterhöhlen ihre Lehmnester anzulegen. Schmetterlinge tanzen in der Luft, gelbe Zitronenfalter, der Weißling *Euchloe ausonia*, die mit dem Zitronenfalter verwandte Art *Anthocharis damone*, Mittelmeer-Zitronenfalter, der Große Fuchs und der Segelfalter, von dem man immer glaubt, er fliege rückwärts.

Jede Form und jede Farbe tritt hier schärfer hervor. In den dunklen Fensterbögen der Ruinen wirft jeder einzelne der mit orangeroten Ziegeln durchsetzten weißgrauen Steine einen hart umrissenen Schatten. Jedes Detail einer Blume, jeder Baum, jeder Schmetterling hebt sich lebhaft und scharf konturiert von seinem Hintergrund ab, ein Eindruck, der jedoch durch den Verfall der Häuser und die üppig wuchernde Vegetation gemildert wird, die die Stadt Mistra fast vollkommen für sich eingenommen hat.

Megalopolis

Ungefähr auf halbem Weg zwischen dem nördlichsten Punkt der Peloponnes und dem Südende ihres „Mittelfingers“ liegt in einer von Bergen umgebenen Ebene die Stadt Megalopolis. Hier erzeugt ein großes, aus dem hiesigen Kohletagebau versorgtes Kraftwerk Strom und beschäftigt 3000 Menschen. Ein Dorf nahe der Stadt wird gerade abgerissen, um Platz für neue Abbauflächen zu schaffen, doch wen stört das schon, wenn die neue Industrie zu einem besseren Leben verhilft?

Nicht weit von dieser modernen Industrielandschaft befindet sich die wunderschöne Kirche Agia Theodora. Die Straße nach Vastas führt zwischen niedrigen Eichenwäldern hindurch in die Berge. Überall blühen Ginster und Baumheide, und in der Luft liegt süßer Honigduft. Im Dorf Isaris schlägt, nach jeweils drei Glokkentönen eine Pause einlegend, unsagbar traurig eine Kirchturmuhr. Es ist Karfreitag. Unter einem Balkon hängen an Haken drei abgezogene Schafe. Die Steinhäuser, mit dem Rücken an den Hang gebaut, schauen alle zur Sonne und zum Meer in Richtung Kalamata. Von einem noch höhergelegenen Punkt aus kann man gut sehen, wie die dreizinkige Gabel der Peloponnes nach Süden weist.

Weit im Osten bilden der runde Kopf des Parnon und seine niedrigen Vorberge eine blaßviolette Linie hinter der zackigen Silhouette des Taygetosgebirges, während die Bucht von Kalamata an der Westseite von den zurückweichenden Hügeln des Messinia Messi eingerahmt wird.

Drei Eichelhäher zeigen uns den Weg in ein bewaldetes Tal hinunter, wo hellgelbe Mistelbüsche an den Eichen hängen. Eine schmale Brücke überquert einen munteren kleinen Fluß, aber nur wenig oberhalb der Brücke ist das Flußbett trokken. Dieser Platz ist ein Wallfahrtsort. Elf dicke Steineichen, die höchste etwa zehn Meter hoch, und einige jüngere wachsen auf dem Dach einer winzigen Steinkapelle. Der Legende nach ist die heilige Theodora ermordet worden, und ihre Haare verwandelten sich in Bäume, ihr Blut in Wasser. Unter ihrer Kirche entspringen Quellen und sammeln sich sogleich zu einem Flüßchen, das in einem Wasserfall unter der Brücke hindurchrauscht und vorbei an moosigen Felsen das eichenbestandene Tal hinabfließt. Wenn hier ein Erdbeben ist, führt der Fluß Blut, erzählt man. Die Erde ringsum ist tiefrot.

Aber wo sind die Wurzeln der Bäume? Auf dem Dach der Kirche Agia Theodora wächst ein richtiger kleiner Wald. Im Innenraum brennen heute viele Kerzen. Dick aufgetragener, schwärzlich und rosabraun verfärbter Verputz bedeckt das Dach und die Mauern, deren einst mit Fresken verzierte Wände moosbewachsen und fleckig sind. Nirgends ist auch nur die Spur einer Wurzel zu sehen, nur hier und da drängt sich ein einzelnes Büschelchen, das an vertrocknetes Gras erinnert, aus einem Riß. Außen zwängt sich ein verdreht gewachsener Stamm aus den Steinen über dem Türsturz, um dann drinnen vollkommen zu verschwinden. Die Erklärung könnte so aussehen: In der immer dicker werdenden Laubschicht auf dem steingedeckten Dach entwickeln sich Samen zu Schößlingen und dann zu Bäumen, deren Wurzeln sich durch Spalten zwischen den Steinen die Mauern hinunter ihren Weg bahnen. Jahrhundertelanges kontinuierliches Kalken des Kircheninneren ließ ihnen keine andere Möglichkeit. Nun ist Logik hier nicht am Platz. Die Stämme ragen zwischen dichtem Ginstergebüsch und verkümmerten Kermeseichen empor. Es sieht aus, als wachse die kleine Kirche wie die Bäume aus dem Flußufer und recke ihr Blätterdach wie diese in den Himmel. Hier ist es leichter, an Wunder zu glauben als an die Natur – aber vielleicht ist die Natur selbst ein Wunder.

Die Kirche der heiligen Theodora bei Megalopolis ist ein traditioneller Wallfahrtsort. Nach einer alten Legende wurde Theodora ermordet, woraufhin sich ihr Haar in Zweige und Blätter und ihr Blut in Wasser verwandelte. Auf dem Dach der Kirche wachsen Steineichen, und unterhalb des Gebäudes entspringt ein kleiner Bach.

Die Peloponnesische Kieleidechse (Algyroides moreoticus) lebt auf der Peloponnes und den Ionischen Inseln.

Bassä

In Bassä herrscht eine ganz eigene Stille. Obwohl in der Nähe das Geplapper einer Kinderschar zu hören ist und die Vögel zwitschern, herrscht an diesem Ort eine Ruhe, als ob eine Glasglocke über ihn gestülpt wäre.

Man gelangt hierher von Andritsina, einem Dorf mit roten, ziegelgedeckten Giebeldächern, das aus einiger Entfernung einfach und übersichtlich wirkt, innen aber ein Gewirr von verschlungenen Gassen darstellt, mit Holzbalkonen an den Häusern und Geschäften, mit Rolläden vor den Fenstern. Schaut man von einem hochgelegenen Bergsattel in Richtung Norden, sieht man Patras und die Schneegipfel des Erimanthos. Im Süden sind gerade noch die zerklüfteten Spitzen des Taygetos sichtbar und im Osten der runde Buckel des Parnon.

Es weht ein kühler Wind, frisch wie ein Guß Quellwasser. Das antike Bassä befindet sich in 1600 Meter Seehöhe.

Vor dem Tempel des Apollon Epikurios in Bassä grasen Schafe und Ziegen. Die Zweige der Arkadischen Eiche sind noch unbelaubt, doch am Boden erkennt man bereits das Blau der Ehrenpreis- und Immergrünblüten.

Zwischen die weißen Felsen und herabgestürzten Felsblöcke schmiegen sich einzelne Büschel von Strahlen-Windröschen, blühendem Immergrün und duftigem Ehrenpreis. Der Tempel mit seinen Säulen von etwas hellerem Grau als dem der Felsen wirkt auch noch als Ruine solide und imposant. Auf den Terrassen unterhalb des Tempels zupft eine Schafherde, die schwarz gefleckten Köpfe tief gesenkt, am kurzen Gras und den blühenden Kräutern. Sie haben gebogene Hörner und Ohren wie Spaniels. Es sind auch ein paar Geißen mit ihren Jungen in der Herde, die von Fels zu Fels springen und versuchen, den dicken moosigen Stamm einer krummastigen Eiche zu erklimmen. Der Hirte wirft von Zeit zu Zeit einen Stein nach ihnen, um die Herde beisammenzuhalten.

Jenseits des Tales und der Hügel, direkt am Fuß der Hänge im Süden, erhebt sich der Berg Ilias, an dessen von uns abgewandter Seite Vasta liegt und die kleine Kirche Agia Theodora.

Eine der Nebelkrähen, die über uns kreisen, könnte dorthin in zehn Minuten fliegen, auf der Straße braucht man eineinhalb Stunden. Zwei Krähen, die sich auf dem Rücken eines Maultieres niedergelassen hatten, schwingen sich mit kräftigen Flügelschlägen in die Luft.

Olympia

Nach einem nächtlichen Gewitter sind die Pfade, die durch das antike Olympia führen, voller Wasserpfützen. Die Sonne bricht immer wieder durch die dicken schwarzen Wolken und hebt die Silhouetten der dunklen, kleinen runden Hügel im Hintergrund deutlich hervor. Hohe Pinien stehen im langen Gras der Alleen, ihre aufrechten Stämme gleichsam ein Widerschein der schlanken Tempelsäulen. Eine dichte Gruppe von Judasbäumen bildet dahinter einen rosafarbenen Wall, von dem leuchtende Blüten auf die Ruinen niederregnen.

Die Bruchstücke mächtiger Säulen liegen, zerkratzt und bekritzelt, hintereinander wie riesige zerbrochene Zuckerstangen. Kapitelle sind so hingestürzt, daß sie wie hochkant gestellte Grenzsteine mit zerknitterten Kanten aussehen. Im Kalkstein sind Fossilien zu finden, Abdrücke von Muscheln zum Beispiel. Sie sind moosig und löchrig verkrustet, und kleine Steinpflanzen wachsen darauf. Die Rispen mancher Gräser sind gelblich verfärbt, vermutlich wurden Unkrautvertilgungsmittel gesprüht. Eine große Pinie liegt im Gras wie eine gestürzte Säule. Da, wo sie abgesägt wurde, verraten uns die Ringe in ihrem Stamm, daß sie 88 Jahre alt war. Die Rinde sieht aus wie Schieferplatten, eine graublaue Schicht mit Spuren von Terrakotta und Lila.

Auf den Stufen eines Tempels sitzen zwei Fremdenführer und politisieren. Im Juni finden Wahlen statt.

Über dem Triumphbogen am Eingang des Tunnels zum Stadion leuchten im Gras dunkelblau, wie hingekleckst, blühende Schopf-Traubenhyazinthen, und die gefältelten rosa Trichterblüten der Winden sind wie Regenschirme zusammengefaltet. Ein sanfter Wind streicht durch die Pinien und wiegt die hohen Affodillstengel sanft hin und her. Die Luft ist erfüllt von den beharrlich vorgetragenen Rufen der Kohlmeisen und vom Gezwitscher der Stieglitze.

In einem vernachlässigten Orangenhain auf der Uferböschung des kleinen rauschenden Flüßchens Kladeos leuchten scharlachrote Anemonen zwischen Gänseblümchen und Doldengewächsen. Frösche quaken am schilfbestandenen Ufer des gischtig über flache und weiße Kieselsteine quirlenden Wassers. An einem Feigen-

Unter Pinien am Rande des alten Olympia blühen Dreiblütiger Geißklee (Cytisus villosus) und Sternhaarige Zistrose (Cistus incanus).

baum erscheinen die ersten jungen Blätter, durchscheinend blaßgrüne und inmitten der gewundenen Äste und Zweige winzige Farbtupfer. Auch Feigen haben sich schon gebildet – kleine glänzende Rugbybälle. Da und dort stehen Quittenbäume, deren rosigweiße Blüten an Rosenknospen erinnern. Rauch- und Mehlschwalben tanzen überm Fluß ihr Himmelsballett, daß sich die Sonne bei dem ewigen Auf und Ab bald in ihren weißen Unterseiten fängt, bald ihre samtig nachtblauen Rükken aufleuchten läßt. Zwischen dem hohen Schilfrohr beginnen die ersten Tamarisken zu blühen. Ein Seidensänger trägt mit lauter Stimme sein Lied vor. Es hört sich an, als ärgere er sich. Der Seidensänger ist ein unscheinbarer, kleiner brauner Vogel mit einer Stimme, die so durchdringend sein kann wie das Kläffen eines rechthaberischen Hündchens; doch sein Lied ist variationsreich und melodiös.

Wir setzen uns nieder, um die Arbeit und das Können der Menschen aus vergangener Zeit zu bewundern. Von diesem Werk sind nur Ruinen geblieben, indes der Gesang der Vögel immerfort erschallt. Noch ist vom baldigen sommerlichen Rummel nichts zu spüren, und Olympia liegt an diesem anbrechenden Frühlingsmorgen wie ein Kunstwerk vor uns, ein Kunstwerk, das zu schaffen Menschen und Natur 3000 Jahre brauchten.

Neben dem Triumphbogen des antiken Olympiastadions blühen Schopf-Traubenhyazinthen (Muscari comosum). Hier wurden von 776 v. Chr. bis 393 n. Chr. ohne Unterbrechung im vierjährigen Turnus die Olympischen Spiele abgehalten. Olympia galt damals als heiliger Bezirk, in dem Krieg und Politik keinen Platz hatten. Noch heute strahlt der Ort mit seinen Pinien und blühenden Judasbäumen Ruhe und Frieden aus.

Auf der Mani bei Agios Nikolaos

Die terrassenförmig angelegten Berghänge, von Menschen und ihren Tieren aufgegeben und verlassen, scheinen auf den ersten Blick leer und still. Im Hochsommer aber ist der Lärm der Zikaden hier so penetrant, daß er kaum noch als Zirpen empfunden wird. Zu sehen sind die Tiere nicht. Unzählige von ihnen sitzen überall in der Landschaft verstreut, und nur ganz selten taucht eines auf und fliegt wie ein dunkler Bomber zu einem anderen Ruheplatz. Eine Zikade sitzt mit dem Kopf nach unten am Zweig eines Olivenbaumes. Wenn man so direkt davor steht, geht einem das Zirpen durch und durch, und dabei ist nicht die leiseste Bewegung zu entdecken. Nichts an dem großen Insekt mit dem schwarz oder ockerfarben gestreiften Hinterleib, das sich vom Ast kaum abhebt, rührt sich. Die zugespitzten Flügel befinden sich in Ruhehaltung. Wie macht das Tier solch einen Lärm?

Etwas weiter oben am Berg befindet sich der kleine Landbesitz einer Frau, die noch im vergangenen Jahr ihre drei Kühe und ein Kalb zum Grasen auf diese Terrassen geführt hat. Die Kühe sind geschlachtet worden, denn sie lebt allein und konnte die Arbeit nicht mehr bewältigen. Ihre Kinder sind erwachsen und leben in der Stadt, in Athen und Kalamata. Sie selbst hat noch Ziegen und Obstbäume, baut Gemüse an und pflückt Oliven. Sie ist dünn, sonnenverbrannt und voller Falten und sieht selbst aus wie eine trockene Olive. Bald wird auch ihr Haus verlassen sein, und sie wird an der Küste leben, wo die wahllos angeordneten Betonblocks im Sommer die Touristen aufnehmen, lauter saubere, rechteckige Kästchen.

In der Mulde zwischen zwei Hügeln, nahe ihrem Hause, entspringt eine Quelle. Es ist ein saftig-grüner, schattiger Platz. Steinplatten bilden ein Fenster zur Quellhöhle, und in einer Nische steht ein Krug. Das Wasser ist kühl, rein und köstlich. Hier sitzt die Frau ein Weilchen mit der Mutter des Mädchens zusammen, das ihr Sohn demnächst heiraten wird. Die zukünftige Schwiegermutter ist vom Dorf ganz oben am Berg heruntergekommen. Ihr ist ziemlich heiß, und sie freut sich daher nicht unbedingt darauf, den Berg wieder hinaufzusteigen. Sie wird die *diples* mitnehmen, die am Morgen zu Ehren des Brautpaares gebacken worden sind. Diese knusprigen, in Honig getränkten Eierkuchen gibt es traditionell bei solchen Gelegenheiten.

Ein Eisvogel sitzt bewegungslos auf seiner Warte und lauert auf Beute. In Griechenland begegnet man Eisvögeln ebenso oft am Meer wie am Süßwasser.

Auf einem anderen Gebirgsvorsprung, der steil zu den Olivenhainen in der Ebene unten an der Bucht abfällt, befindet sich ein verlassenes Dorf, eine Gruppe von Steinhäusern mit sepiafarbenen Dachziegeln. Die Frauen an der Quelle unterhalten sich über das letzte leere Haus, das neulich an einen Fremden verkauft wurde: „200000 Drachmen! Das Haus sollte lieber verfallen, als daß man es zu dem Preis weggibt.“ Das Dorf ist bis auf zwei zurückgebliebene Familien leer und wird nur zeitweise von den wenigen neuen Besitzern mit Leben erfüllt.

Ganz im Süden der Mani, wo man früher hohe viereckige Türme zur Verteidigung gegen Piraten und auch gegen die eigenen Nachbarn errichtet hat, sind die schroffen felsigen Berghänge schwarz verbrannt. Das Abflämmen der Hänge ist ein politischer Protest gegen die staatliche Landwirtschaftspolitik, ein letzter Versuch, die traditionelle Lebensweise zu verteidigen. Kann es sein, daß auch die Zikaden mit ihrem unablässigen Zirpen ihren Lebensraum zu retten versuchen?

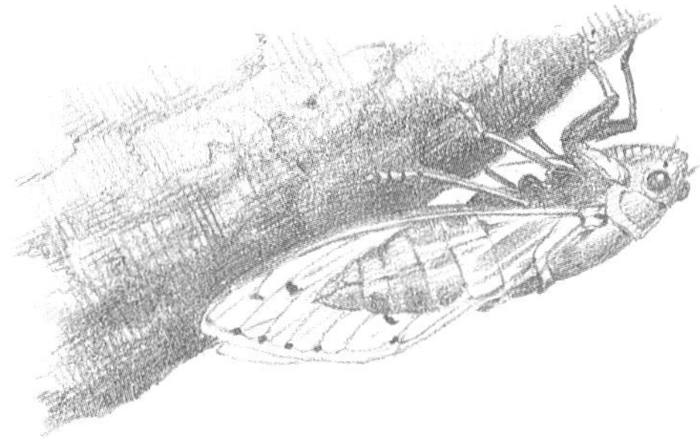

Zikadenmännchen locken durch ihr monotones Zirpen Weibchen an.

In der Nähe eines der alten Wachtürme bei Agios Nikolaos balzt ein Felsenkleiber-Männchen sein Weibchen an. Der laute, flötende Gesang des Felsenkleibers ist hier häufig zu hören.

Die auf dieser Seite dargestellten Schmetterlinge wird man selten auf ein und derselben Pflanze antreffen, doch es handelt sich durchweg um Arten, die in dem vom Menschen wenig beeinflußten griechischen Bergland häufig zu beobachten sind.

In den unteren bis mittleren Lagen trifft man (v.l.n.r.) den Bläuling Lampides boeticus, den Mittelmeer-Schwalbenschwanz (Papilio alexanor) und die mit dem Aurorafalter verwandte Art Anthocharis damone.

Auf Bergwiesen in höheren Lagen kann man die folgenden Arten sehen (v.l.n.r.): den Bläuling Aricia anteros, den Apollofalter (Parnassius apollo), den Schwarzen Apollo (P. mnemosyne), den Perlmutterfalter Boloria graeca, den Bläuling Thersamonia thetis, das Braunscheckauge (Lasiommata petropolitana) und den Heufalter Colias aurorina (fliegend).

Weitere in unteren bis mittleren Lagen fliegende Tagfalter sind der Erdbeerbaumfalter (Charaxes jasius), links, und der Weiße Waldportier (Brintesia circe), rechts.

Unterwegs ins Helmosgebirge

Ein heftiger Wind treibt Hagelschauer auf die Ortschaft Lambia nieder, die hoch über einer Schlucht klebt. Auf den hintereinander gestaffelten Bergketten erkennt man im Dunst und Nebel gerade noch einige einzelne Bäume. Mehrere Bergbäche ergießen sich über die Felswände. Ein Mann auf einem Maultier mit einem geschlachteten Schaf überm Sattel hat einen schwarzen Regenschirm aufgespannt. An einem Berghang hat ein Schäfer ein Gebüsch in Brand gesetzt und wärmt sich daran.

Graublau schäumt das Wasser des Erimanthos durch eine Klamm. Die Felswände, wie ineinandergeschobene Keile, die nach hinten zu immer mehr verblassen, verlieren sich schließlich in den Wolken, die tief bis in das entfernteste Kerbtal herunterhängen. Die glockenförmigen Zelte, die eine Gruppe von Zigeunern in Tripotamos, wo drei Flüsse zusammentreffen, errichtet hat, sind völlig durchweicht. Wo sich die Schlucht öffnet und die Berge zurückweichen, ziehen sich ebene Weizenfelder, große Quadrate gepflügter dunkelroter Erde und Pappelreihen am Flußufer entlang.

Die neu angelegte Straße, an der viele junge Bäume gepflanzt wurden, führt hinauf zum Pheneos-Paß. Zwischen den schwarzen Tannen liegt hier und da noch Schnee, und über den fernen Bergen hängen regenschwere Wolken. Eine kurze steile Schlucht fällt direkt in die rot-grün gewürfelte Ebene ab, die die Bergkette von Helmos von Killini trennt. Wolkenbänke ziehen über den Himmel, der sich im Flutwasser, aus dem Bäume wie vertäute Boote herausragen, perlmutterfarben spiegelt. Die bereits planierte Trasse vor uns, die demnächst asphaltiert werden soll, ist eine einzige Masse roten Schlamms. Der Weg am nördlichen Rand der Ebene, der hinauf zu den Gipfeln des Helmos führt, ist unpassierbar.

Eine Höhle im Helmos-Massiv ist eine von mehreren ähnlichen in Griechenland, die den Anspruch erheben, der Ursprung des legendären Flusses Styx zu sein. Der aus den alten Sagen bekannte Styx ist der Fluß der Unterwelt, des Totenreichs. Die Blumen, die am Eingang der Grotte wachsen, werden von einem oberhalb gelegenen Wasserfall mit staubfeinem Gischt überrieselt. Wer die Blütenpracht erleben will, muß später, im Mai oder Juni, hierherkommen.

Wie die Konturen der im Regen scheinbar zurückweichenden Berge, und in der gleichen zauberhaften Weise, in der die ganze Halbinsel über ihre eigentliche Größe hinauszuwachsen scheint, hat sich das Helmos-Gebirge diesmal unserem Annäherungsversuch entzogen. Wir werden ein andermal wiederkommen müssen.

Das Herzförmige Knabenkraut (Dactylorhiza cordigera) gehört zu den vielen seltenen Orchideenarten, die im Helmosgebirge gedeihen.

Drei Tagfalterarten der unteren bis mittleren Höhenlagen saugen hier an blühendem Dost Nektar: Es sind (v.l.n.r.) der Rote Scheckenfalter (Melitaea didyma), der Augenfalter Melanargia larissa und der Bläuling Syntarucus pirithous.

Der Golf von Kalamata

Glatt und blank spannt sich das Meer im Golf von Kalamata, wie eine straff gespannte Haut, die am Horizont einen Bogen beschreibt, der die Form unseres Schiffsbugs wieder aufnimmt. Im Osten steigen die Hänge steil zum Taygetos auf. Die pergamentfarbenen, von violetten Schatten gefleckten Berge liegen da wie Skelette, wie ein mit einer Stahlbürste abgeschrubbter Haufen Knochen, den man zum Bleichen in die Sonne geworfen hat. Die Mani, die sich weit nach Süden erstreckt, erscheint aus dieser Entfernung so unberührt wie früher, bevor die Straße gebaut wurde. Obwohl sie so menschenleer aussieht wie das Meer, herrscht auf der in den Fels geschlagenen Straße sicher reger Verkehr: Wanderer mit Traggestellrucksäcken,

Der Schwertfisch wurde früher selten gefangen. Mit der generellen Abnahme der Fischbestände unterliegt er heute einem erheblichen Verfolgungsdruck.

Eine von Eleonorenfalken verfolgte Turteltaube hat sich auf einem Rettungsring vorübergehend in Sicherheit gebracht.

schwer bepackte Motorräder und Wohnwagen, doch von weitem ist von all dem nichts zu sehen.

Nichts rührt sich auf der milchigen Wasserfläche, nur ein paar vom sanften Südwestwind gekräuselte Wellen. Bevor es die Autostraße gab, war der Golf der eigentliche Verkehrsweg. Zwischen den Dörfern der Küste verkehrten Frachtboote. Der Hafen von Kalamata war voll von Schiffen, die Rosinen, Oliven und Zigaretten nach Athen transportierten. Jetzt parken riesige Sattelschlepper auf dem großen, mit Kopfsteinen gepflasterten Kai vor dem imposanten Gebäude der Hafenmeisterei. Sie können das restliche Griechenland und das Ausland in weit kürzerer Zeit beliefern. Das Hafenwasser ist sauber. In der Tiefe erkennt man Meeräschen und Goldstriemen. Männer und Buben sitzen stundenlang am Kai und angeln. In der Nähe des Leuchtturmes schnellt in einem aufblitzenden Bogen ein Schwertfisch aus dem Wasser, die einzige Bewegung weit und breit. Einmal, zweimal, dreimal bäumt er sich über dem Meer wie ein metallener Blitz auf. Und ein paar Augenblicke später taucht unter Wasser eine blaßgrüne Gestalt neben dem Boot auf, geht tiefer und verschwindet. Sie war so lang, wie das Boot breit ist, mehr als zwei Meter: Vielleicht war es ein Thunfisch oder ein Hai.

Schiffe ziehen jetzt ihre Spur südlich von uns auf die drei Finger der Peloponnes zu. Fern am Horizont sehen sie aus wie Spielzeugmodelle. Daneben erkennt man höhere Gebäude: Kirchtürme, Wohnblocks, Telegraphenstangen, wie hinausgeschoben, um eine neue schwimmende Stadt zu bilden, ein modernes Venedig in einem fernen unsichtbaren Himmelsrund. Die venezianischen Burgen von Methoni und Koroni, die schwarzbraunen Wachtürme der Mani-Halbinsel und die befestigte Stadt Monemvassia beschützen ihre Küsten heute vergebens.

Monemvassia auf seinem roten Felsen ist durch einen schmalen Damm mit dem Festland verbunden. Vom Meer her sieht es aus wie an den Felsen geheftet, von einem Schurz aus Mauern gehalten und eindimensional wie die Kinderzeichnung einer Stadt. Vor etwa 20 Jahren war der Ort völlig verlassen, und die Häuser verfielen. Es wäre vielleicht ein zweites Mistra geworden, das Skelett einer Stadt, von der nur die Fundamente zwischen Sträuchern und Gras übriggeblieben wären. Aber das späte 20. Jahrhundert hat Monemvassia auf seine Weise unter die Fittiche genommen. Es galt plötzlich als schick, ein verfallenes Haus zu einem Ferienhaus umzugestalten. An massiven Holztoren prangen heute Messingtürklopfer, raffiniert zusammenrollbare Sonnenblenden hängen außen an den Fenstern. Geranien und Bleiwurz fallen in Kaskaden über die Stufen. Es gibt Eisdielen und Restaurants, und Geschäfte verkaufen grelle Keramiken, Schmuck und „einheimische" Handwerkserzeugnisse, die eigens für die Saison aus Athen geliefert werden. In einem Geschäft, das Bauernmöbel zum Kauf anbietet, steht ein brandneuer Webstuhl. Der Damm ist ausgebessert worden, und eine Straße führt hinauf zum Stadttor, durch das man in die Altstadt gelangt. Auf dem Festland breitet sich am Hang die neue Stadt aus. Wo sind all die Einheimischen hergekommen, die die Touristen bedienen? „Aus Kreta, Saloniki und von den Dörfern in den Bergen", berichtet uns jemand. „Ende Oktober gehen wir wieder nach Haus und ernten Oliven." Dieser Ort hat so wenig mit der Wirklichkeit zu tun wie die Zeichnung eines Kindes, an die er aus der Ferne erinnert. Aber es ist die einzige Art von Leben in solch einer Stadt, wenn ihre ursprüngliche Funktion als Festung seine Bedeutung eingebüßt hat. Vielleicht ist das besser als die Alternative – eine weitere Ruinenstadt.

Als wir Monemvassia bereits seit fünf Stunden hinter uns gelassen haben, kommt Wind auf. In weniger als einer halben Stunde verwandelt sich die blanke Wasserfläche in eine aufgepeitschte Wellenlandschaft. Eine weitere halbe Stunde danach ist es unmöglich, weiterhin Kurs auf Milos zu halten. Ein Wellenberg nach dem anderen hebt den Schiffsbug zum Himmel hinauf und wieder hinab ins nächste Wellental. Im Nordosten, genau in der Richtung, aus der der Wind kommt, taucht ein kleiner felsiger Buckel auf, und nach einem zweistündigen Kampf gegen Wind und Meer erreichen wir seine Leeseite. Etwa zweihundert Meter hoch und vielleicht zwei km^2 groß, steigen die Felswände jäh aus dem Wasser auf, aber an der Südseite gibt es einen schmalen Streifen sandigen Meeresbodens, in dem man ankern kann. Die kleine Insel ist Falkonera, ein gottgesandter Zufluchtsort in einem der schutzlosesten Winkel der Ägäis. Trillernd und kickernd segeln die Eleonorenfalken, die dem Felsen seinen Namen gaben, rund um die Klippen und führen immer wieder atemberaubende Wendungen und Sturzflüge vor. Den ganzen Tag hindurch herrscht hier laute Betriebsamkeit. Sie brüten gerade, und Peter erklärt, daß sie zu dieser Jahreszeit, im September, nisten, weil sie sich jetzt von den Zugvögeln ernähren können. In diesem Moment erscheint ein Grünfink über den Klippen, und sofort sind, wie zum lebendigen Beweis, drei Falken zur Stelle. Mit einer Drehung und einem schnellen leichten Schlag greift einer von ihnen den Finken und trägt ihn aufwärts über die Felsen davon, während ihm die beiden anderen ärgerlich und erregt rufend folgen. Wenn man bedenkt, was für eine Reise dieser kleine Fink hinter sich hat, wie weit er über das offene Meer geflogen ist, auf der Suche nach einem Ort, wo er sich für eine Weile ausruhen könnte, nur um im gleichen Moment, wo er dieses Felseneiland gefunden hat, gefressen zu werden. Ein schrecklicher Gedanke, daß es uns möglicherweise ebenso ergehen könnte, die wir hier festen Boden fanden, nur um schließlich, bevor der Wind nachlassen wird, ohne Wasser und Nahrung dazustehen . . .

Mit schrillen Rufen jagen vier Falken über den Klippen einem kleinen graubraunen Vogel nach. Das Tier flattert wie wild mit den Flügeln, um zu entkommen. Die wilde Jagd spielt sich zunächst über dem Sandstrand ab, dann verschwinden die Vögel hinter den Klippen. Ein paar Augenblicke später hören wir an Bord plötzlich ein Flügelschlagen, und eine Turteltaube plumpst erschöpft mitten in einen unserer Rettungsringe, der damit seinem Zweck auf ungewöhnliche Weise gerecht geworden ist. Sie hat instinktiv erfaßt, daß Menschen weniger gefährlich sind als Falken. Sie schwingt im Schaukelrhythmus des Schiffes mit, sicher vor den Falken wie ein Wellensittich im Käfig. Die Falken rufen von den Klippen her, kommen aber nicht näher. Die Turteltaube bleibt den ganzen Nachmittag an Bord, sie wechselt nach einer Weile auf die Reling, wo es etwas bequemer ist, und dort, den Hals einmal nach vorne, einmal nach hinten reckend, um das Gleichgewicht zu halten, schließt sie sogar hin und wieder für eine kurze Siesta die Lider über ihren goldbraunen glitzernden Knopfaugen. Als die Dunkelheit hereinbricht und die Falken oben auf den Klippen ruhig und still werden, gleitet die Turteltaube ungesehen südwärts über das Meer davon.

Eleonorenfalken kommen in zwei verschiedenen Farbvarianten vor: Es gibt einfarbig schwarzgraue und unterseits rötlich-weiße Exemplare, die eine dunkle Strichelzeichnung aufweisen. Der Eleonorenfalke brütet als einzige europäische Greifvogelart im Herbst. Die Brutkolonien befinden sich an den Zugwegen der nord- und mitteleuropäischen Kleinvögel, mit denen die jungen Falken großgezogen werden.

Die Kykladen

Oben: Plaka, die Hauptstadt der Insel Milos, von der Kapelle Prophitis Ilias aus gesehen.

Unten: Im Frühjahr sind die rundlichen, terrassierten Hügel von Siphnos übersät mit Blumen.

Seite 45: Ein Pirol rastet in einem Feigenbaum auf der Insel Siphnos.

Es gibt ein Gedächtnisspiel, bei dem verschiedene Gegenstände nebeneinander aufgereiht werden, die man dann, nachdem sie zugedeckt wurden, aus der Erinnerung aufzählen muß. Wenn wir die Augen schließen und uns das blaue Meer und die grauen von einem Horizont zum anderen reichenden Bergkuppen vorstellen, können wir aus dem Gedächtnis 65 Inseln aufzählen, die jeweils von mindestens hundert Menschen bewohnt sind. 37 davon haben wir besucht, also bleiben 28, die wir noch nicht kennen. Wahrscheinlich sind es aber viel mehr. Es heißt, Griechenland habe 1500 Inseln, wobei offensichtlich nicht nur die kleinen Inseln mit wenigen Einwohnern mitgezählt wurden, von denen wir ebenfalls einige kennen, sondern jedes einzelne Felseninselchen, auf dem lediglich ein paar Vögel Platz haben.

Gleichgültig, wie weit man in Griechenland herumkommt, immer ist irgendwo am Horizont noch eine Insel, die einem zuwinkt. Die Kykladen, die größte Inselgruppe, ist für Reisende das reizvollste Ziel. Die Inseln liegen nicht nur, wie die Ionischen Inseln, die Sporaden und der Dodekanes, wie an einer Schnur aufgereiht, sondern sie sind darüber hinaus konzentrisch angeordnet. Von der Türschwelle einer jeden *Prophitis Ilias*, der auf dem höchsten Punkt jeder Insel erbauten Kapelle, sind zwei oder mehrere andere Inseln zu sehen, die wie unbeantwortete Fragen in der Weite des Meeres liegen.

Der Name „Kykladen" bedeutet „die Inseln, die sich im Kreise drehen", wobei die heilige Insel Delos in der Antike als „Nabe" dieses imaginären Rades angesehen wurde. Sie sind auch als die „trockenen Inseln" bekannt. Das typische Bild ist das eines kahlen Bergrückens mit von Steinmauern umgebenen Terrassen, mit ockerfarbenen Disteln und auf den Hängen verstreuten Häusern und Kirchen, auf deren blendend weiß gekalkten Mauern das Sonnenlicht spielt. Doch dies ist nur die eine Seite des Bildes. Wenn im Herbst die ersten Regengüsse niedergehen, beginnt das ganze Land allmählich grün zu werden, und wie im Frühling verwandeln sich die Hangterrassen durch die Farbenpracht der Blumen in bunte Gärten.

Einst wurden die Kykladen durch gewaltige Hebungen und Auffaltungen von der Balkanhalbinsel und voneinander abgetrennt. So lassen sich die bezeichnenden Unterschiede in der Fauna und Flora der Inselgruppe erklären. Es gibt Tiere und Pflanzen, die auf dem Festland ausgestorben sind, aber auf den Inseln weiterhin gedeihen, und daneben andere, aus denen sich infolge der isolierten Lage im Laufe der Zeit völlig neue Arten entwickelt haben. Auf manchen Inseln gibt es keine Giftschlangen, auf anderen keine Skorpione. Auf Kythnos und Seriphos kann man im Mai eine besondere Schachblumenart, *Fritillaria tuntasia*, sehen. Die Eidechsen auf Milos, Kimolos und einigen kleinen Nachbarinseln bilden eine eigene Art, die Milos-Eidechse, deren Körperzeichnung gewisse Besonderheiten aufweist. Hier trifft man auch die Levante-Otter, eine Schlange, die nur auf den westlichen Kykladen vorkommt. Den Hardun, eine in Afrika heimische Eidechse, gibt es in kleinen Kolonien auch in Griechenland: im Norden um Saloniki, im Nordwesten auf Korfu und auf einigen der mittleren Kykladen – Mykonos, Delos, Paros, Antiparos und Naxos. Mit ihrem breiten Kopf, dem gedrungenen Körper und dem langen dünnen Schwanz wird die Art von den Einheimischen auch „kleines Krokodil" genannt.

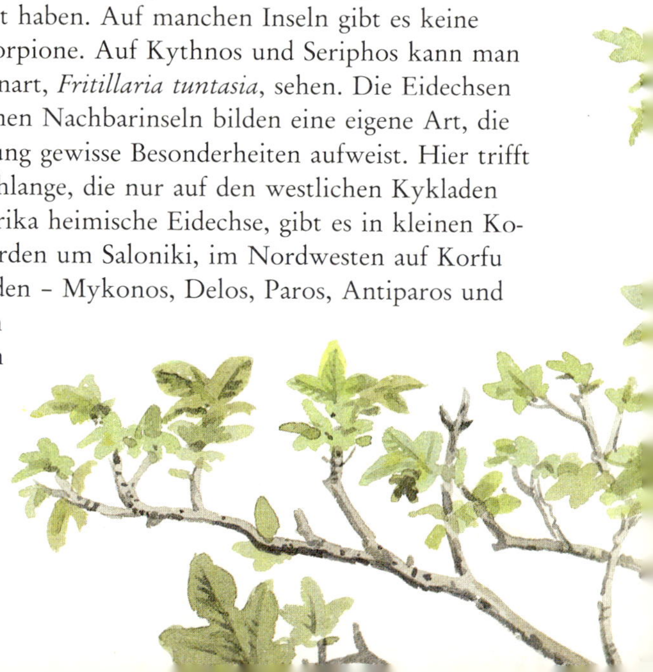

Milos

Schutzlos steht die kleine Kapelle im pfeifenden Wind auf der Berghöhe. Aus allen Richtungen trägt der Wind Stimmen herüber. Aus dem Hafen von Klima unten am Meer sind die Stimmen zweier Männer in einem Boot ebenso deutlich zu vernehmen wie das Schreien und Reden aus dem Dorf Plaka, das auf einem felsigen Vorgebirge oberhalb der Kapelle liegt, und aus dem Dorf Tripiti unten im Tal, das an der Leeseite eines mit Windmühlen gespickten Hanges südwärts blickt.

Die Kapelle steht offen, was heutzutage nur noch selten der Fall ist. Die Inselbewohner haben die Erfahrung gemacht, daß es Menschen gibt, die Ikonen stehlen. Drinnen brennen in Ölkrügen Dochte, und der Fliesenboden ist frisch gewischt. Der Geruch von sonnenwarmem Wachstuch und schwacher Weihrauchduft rufen die Zeit ins Gedächtnis, als auf den Kykladen noch keine Kapellentür verschlossen war. In dieser Kapelle stammt wahrscheinlich nur die Ikone des Ilias nicht aus unserem Jahrhundert. Kläglich schaut der Heilige aus seinem Glasgehäuse. Einer seiner Mundwinkel (der Mund ist auf griechischen Ikonen weit unten in dem traditionell überlang dargestellten Gesicht eingefügt) ist herabgezogen. Das verleiht ihm einen Ausdruck verzweifelten Ekels – als ob die weißen Tüllgirlanden und Plastikblumen dieses Gefühl in ihm hervorriefen. Ohne Zweifel sind die Mauern unter der weißen Tünche mit Fresken bemalt. Es ist eine alte Kirche, an einer Stelle erbaut, wo früher bereits ein Tempel stand, und an den Außenmauern treten die Konturen von Säulen hervor, die so dick mit Kalk übertüncht sind wie die Steine.

Hat man die Kykladen längere Zeit nicht gesehen, blendet einen ihr auffallend helles Licht – und wenn man Milos als erste dieser Inseln besucht, verstärkt sich dieser Eindruck noch. Nicht daß die Dörfer auf Milos weißer wären als anderswo, die saubersten sind sie auch nicht unbedingt, aber hier ist die Erde weiß und fast ohne Vegetation. Infolge vulkanischer Tätigkeit ist der Untergrund reich an Mineralien und Erzen: Kaolin, Bentonit und Baryt werden hier abgebaut. Als wären die Hügel von einer Art Haarausfall betroffen, hat jeder von ihnen, der den Rand einer großen runden Vertiefung, eines ehemaligen Vulkankraters, bildet, eine kahle weiße Kuppe. Die Felsen der steilen Terrassenhänge und die *Prophitis Ilias* sind dagegen rotgrau, ebenso wie die Stengel der Meerzwiebel, die gerade in Blüte steht und sich im Winde hin und her wiegt.

Der Wind und die Geräusche, die er mit sich bringt, verstummen augenblicklich, sobald man das Amphitheater betritt. Es schmiegt sich so in die Krümmung eines Berghanges, daß von den marmornen Sitzreihen aus nur die Bühne zu sehen ist und die Hügel der fernen Küste.

Die Milos-Eidechse (Podarcis milensis) findet man nur auf einigen Kykladeninseln: auf Milos, Kimolos und den unbewohnten kleinen Inseln Antimilos, Falkonera und Velapula.

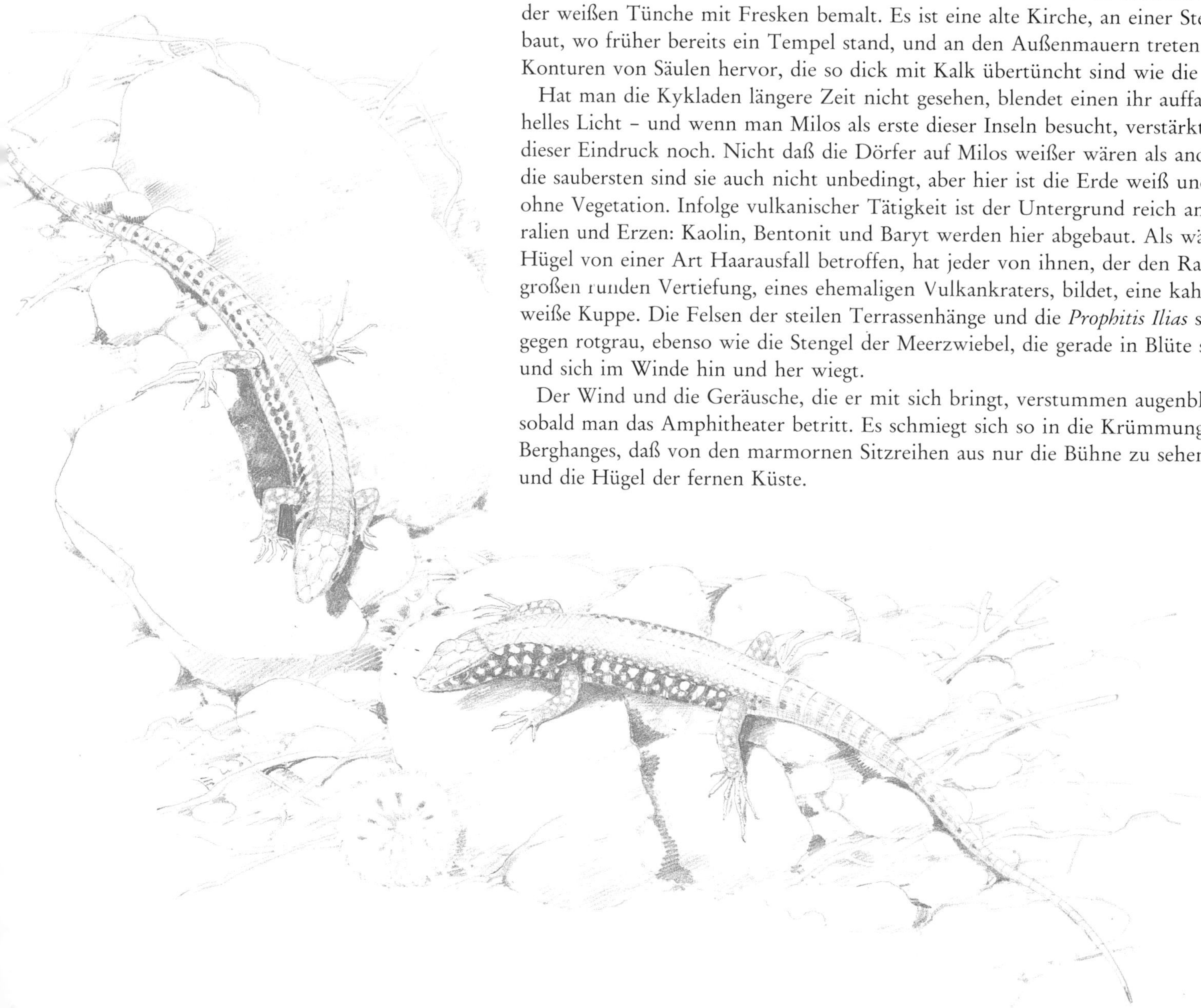

Auf der Bühne huscht eine Eidechse durchs dürre Gras. Sie glaubt, sie sei unbeobachtet, hält inne und hebt schnell ein Vorderbein, als wolle sie sich nachdenklich am Kopf kratzen. In etwa einem Meter Entfernung nähert sich eine Ameise, die eine trockene Grasrispe trägt. Eine Sekunde später ist sie weg. Nur das Gras bleibt übrig, als die Zunge der Eidechse zurückschnellt. Es ist eine weibliche Milos-Eidechse, schlanker und kleiner und mit undeutlicher gezeichneten Flecken als beim Männchen.

Später, in Phylakopi, kreist eine kleine männliche Eidechse um Peters Fuß, als er am Boden sitzt und malt. Das lebhaft grauschwarze und weiße Fleckenmuster an der Kehle ähnelt den Farben des Bodens. Ohne Zweifel hat sich die besondere Zeichnung dieser endemischen Art aus Gründen der Tarnung entwickelt.

Das antike Phylakopi liegt auf einem Vorgebirge. Das Meer hat bereits die Hälfte des ehemaligen Stadtgebiets zurückerobert.

Zwischen den Olivenbäumen unterhalb von Plaka und Tripiti finden sich viele Erinnerungsstücke an die lange Geschichte der Insel: vieleckige Mauern, frühchristliche Katakomben und ein altes römisches Theater. Im Vordergrund wachsen Meerzwiebeln (Urginea maritima) zwischen schön verzierten Marmorblöcken.

Das Labyrinth von Steinmauern begann bereits vor 3000 Jahren einzustürzen, und immer noch fallen Mauern zusammen. Das gesamte Vorgebirge weist unzählige Höhlen auf, und zwar sowohl natürliche als auch vom Menschen geschaffene. Beide, Mensch und Meer, arbeiten seit Äonen im Untergrund von Milos, so daß alle Bauwerke nur von begrenzter Dauer sind.

Nachdem die einstige Inselhauptstadt Phylakopi aufgegeben worden war, entstand zwischen Plaka und dem Meer eine neue Stadt – heute liegt auch sie in Trümmern. Im Jahre 1920 brach neben einem Bauern, der nahe den frühchristlichen Katakomben sein Feld pflügte, der Boden ein. Die Erde öffnete sich, und in einer Höhlung kam eine Statue zum Vorschein – die Venus von Milo, die heute im Louvre zu bewundern ist.

Zwanzig Jahre nach unserem ersten Besuch hier ist der Hafenort Adamas kaum wiederzuerkennen. Der Bootsmann, der uns damals herbrachte, nachdem er seine Melonen auf Siphnos abgeliefert hatte, betreibt jetzt ein großes Hotel und besitzt außerdem ein Schiff, mit dem er für die Touristen Tagesausflüge rund um die Insel unternimmt.

„20 Jahre ist das erst her?" staunt auch der Kaufmann, als wären es nicht 20 Jahre, sondern 3000. „Sie werden sehen, wie verändert hier alles ist, und nicht zum

Das Bild zeigt einige der Fischarten, die man in flacheren, ufernahen Gewässern über felsigem Grund häufig beobachten kann: links Crenilabrus tinca, ein Lippfisch; davor zwei Meerpfauen (Thalassoma pavo); in der Mitte zwischen den Felsen ein Kleiner Sägebarsch (Serranus cabrilla); rechts zwei Gewöhnliche Geißbrassen (Diplodus vulgaris). Im Hintergrund tummelt sich ein Schwarm von Mönchsfischen (Chromis chromis).

Die Levante-Otter (Vipera lebetina) lebt ausschließlich auf Milos, Siphnos und einigen weiteren Inseln der westlichen Kykladen. Levante-Ottern sind sehr giftig.

besten. Keine Fische, nur lauter Touristen. Die meisten Leute von früher sind tot, und in 20 Jahren gibt's mich auch nicht mehr." Er ist überzeugt, daß die junge Ausländerin, die gerade das Geschäft verläßt, versucht hat, ihn zu beschwindeln. Sie war ebenfalls überzeugt, daß er sie beschwindeln wollte. Doch weder das eine noch das andere traf zu: Sie waren einfach beide einem Mißverständnis erlegen, weil sie sich nicht verständigen konnten.

Es heißt, der Bauer habe seinerzeit im Tausch für die Venus von Milo einen Mantel erhalten. Damals, in Unkenntnis des Wertes der Statue, mag er sich sogar darüber gefreut haben. Heutzutage werden Schlangen von der Insel mitgenommen, und zwar schätzungsweise jedes Jahr mehr als tausend. In diesem Jahr erfuhren wir, daß ein junger Deutscher versucht hatte, mit 70 lebenden Levante-Ottern, die der nur hier heimischen Unterart angehörten, die Insel zu verlassen. Die Tiere hätten ihm zu Haus 20000 DM eingebracht. Er ging wohl davon aus, daß kein Inselbewohner etwas dagegen hatte, wenn er Schlangen mitnahm, die sie selbst mit Steinen erschlagen; und von deren Marktwert hatten sie keine Ahnung. Aber wie die Eidechse im Amphitheater wurde auch er beobachtet. Aufgrund einer von drei ausländischen Naturschützern eingebrachten Anzeige und mit Unterstützung des Forstamtes konnte die hiesige Polizei ihn verhaften und die Schlangen konfiszieren. Bald darauf wurden sie in verschiedenen Teilen der Insel wieder ausgesetzt. Wird die Statue der Venus einst auf ähnliche Weise nach Milos zurückkehren?

Der weiße Kalkstein von Milos läßt sich verhältnismäßig leicht bearbeiten und unterhöhlen, und so zeigt dieser Küstenabschnitt bei Phylakopi eine Fülle von natürlichen und künstlich entstandenen Felsnischen, Gängen und Höhlen.

Von Kimolos nach Siphnos

In dem Holzrad, das einst den Mühlstein drehte, ist die Jahreszahl 1865 eingeritzt. In den Löchern, in denen früher Holznägel steckten, haben sich Pillenwespen eingenistet. Auf einem Balken neueren Datums ist mit roter Farbe die Zahl 1939 aufgemalt. Die sechs Windmühlen in verschiedenen Verfallsstadien stehen auf dem Bergrücken oberhalb des Hafens von Kimolos. Über den steinigen Hang verstreut stehen niedrige Steinhütten, die sich nur durch ihre schwarzen Fenstervierecke von der Landschaft abheben. Selbst die Feigenkaktusbüsche sehen aus wie Haufen gelber und grüner Steine. Ein Mann mit einem breitrandigen Hut folgt, auf einem Esel reitend und zwei andere mit sich führend, gemächlich einem Pfad zwischen den Mauern. Kein Lüftchen regt sich, und nur das Meer liegt spiegelglatt da, ohne daß sich auch nur eine Welle an den Felsen der kleinen Inselchen bricht, an denen vorbei der Blick zu den abbröckelnden Kalkfelsen von Milos schweift.

Weiter im Osten erkennt man die Insel Polyaigos, wo noch vor kurzem ein paar Familien lebten, als violette Silhouette zwischen Himmel und Meer.

Das größte Dorf von Kimolos befindet sich direkt unterhalb der Mühlen, aber von dort ist kein Laut zu hören. Die meisten Bewohner sind nur im Sommer hier, sie sind bereits wieder an ihre Arbeitsplätze nach Athen und Piräus zurückgekehrt. In den Bergwerken von Kimolos finden nur etwa 15 Männer Arbeit, gut drei Viertel der Ehemänner und Väter sind in der Handelsmarine beschäftigt. Der Lebensunterhalt der 600 ständigen Einwohner hängt also von der Welt außerhalb der Insel ab. An diesem Morgen bringt ein Frachtkahn Melonen und Tomaten aus Pollonia, dem Dorf an der Meeresenge zwischen Milos und Kimolos. Noch in der Dämmerung legt ein anderes Schiff ab, auf dem vier Schwammtaucher mit ihren an Schnüren aufgereihten Schwämmen, die sie im Meer an der Südküste Kretas gefunden haben, heimwärts reisen. Überall dort, wo sie die Nacht über bleiben, bearbeiten sie die Schwämme. Mit gesenktem Kopf, vorgezogenen Schultern, die Hände in einer Reihe auf die Reling gestützt, treten sie in einem langsamen Tanz auf den Schwämmen herum. Nachdem diese derart geknetet und viele Male im Meerwasser gespült worden sind, können sie in Kartons und Säcke verpackt werden. In jedem Hafen werden ein paar in einem Korb auf den Kai geworfen. Fragt man den Kapitän nach

Windmühlen prägen noch heute viele Landstriche auf den Kykladen, doch auf den Inseln wird längst kein Weizen mehr von diesen Mühlen zu Mehl gemahlen.

Ein Schwamm ist das faserige Skelett einer Kolonie von niederen Tieren, die in warmen Meeren in Tiefen von bis zu 200 Metern leben.

In Griechenland gibt es mehrere kleine Kolonien dieser Eidechsenart, des Hardun, hauptsächlich auf den mittleren Kykladen. Der Hardun (Agama stellio) wird im Griechischen „kleines Krokodil" genannt.

dem Preis, antwortet er: „Suchen Sie sich einen aus, dann sag ich's Ihnen." Wir wählen einen rundlichen, sauberen, elastischen Schwamm. Er kostet 300 Drachmen. Diese Männer holen die Schwämme aus etwa zehn Metern Tiefe herauf. Andere aus Kalimnos, die Sauerstoff-Flaschen besitzen, tauchen 30 bis 40 Meter tief. Die leuchtend roten Tauchanzüge, die seltsam sportlich neben den ausgemergelten, faltigen Körpern der Männer wirken, hängen zum Trocknen am Mast, am Baum und an der Reling. Der jüngste von ihnen, ein Blonder, hat nur eine Hand.

Im winzigen Hafencafé ist eine lebhafte Unterhaltung im Gange. „Schlangen? Die Insel ist voll davon. Nattern. Zwar nicht mehr so viele wie früher ... Die Deutschen fangen sie und nehmen sie in Taschen mit. Weiß nicht, warum."

Blickt man von den Mühlen oberhalb des Dorfes Kimolos aufs Meer hinaus, liegt es glatt und blank wie ein Spiegel da; aber über den fernen Bergen von Milos, Polyaigos und Kimolos selbst steigen Wölkchen auf. Siphnos, eine undeutlich erkennbare Form am Horizont, verschwindet bereits immer mehr im Dunst. Solche Wolken sehen harmlos aus, können aber die Vorboten eines *meltemi* sein. Die Leute im Dorf sagen, das Radio habe Windstärke 8 angekündigt.

In den Hafen von Kamares laufen Boote ein; sechs, dann acht, zehn nebeneinander. Nikolakis kommt mit seinem Boot vom Schwertfischfang vorzeitig zurück. Auch er hat die Radiomeldung gehört. Mit zunehmendem Wind überzieht sich der Kai mit einem Netzwerk von Tauen und Ankertrossen. In der Nacht bricht der Sturm herein. Gigantische Windstöße knallen an die steilen Felswände der Bucht, und am Kai klappert, kracht, knarrt, klatscht und ächzt es so infernalisch laut, daß man bei jedem Geräusch meint, diesmal müsse es die letzte Explosion gewesen sein. Doch nach einer kurzen Flaute beginnt der Tanz regelmäßig von vorn.

In der Morgensonne verliert der Sturm etwas von seinem Schrecken. Besucher kommen an Bord, Freunde von früher und die Kinder von Leuten, die wir selbst als Kinder kannten. Kostas, der zwölfjährige Sohn von Evangelio, schaut einer vorbeifliegenden Möwe nach. „Das ist die von meinem Onkel", sagt er. Sein Onkel, der Fischer Nikolakis, hat nämlich den gebrochenen Flügel der Möwe geschient, hat sie gepflegt und gefüttert, und jetzt geht sie mit ihm fischen – hoch oben auf der Mastspitze oder auch fliegend. Kostas erzählt uns, der größte Schwertfisch, den sein Onkel dieses Jahr gefangen habe, habe 190 kg gewogen.

Am Abend kommt Nikolakis selbst auf ein Bier an Bord, wo schon zwei seiner Cousins sitzen, die beide auf den Namen Kostas Paleos getauft sind. Bald entbrennt eine heiße Diskussion. Kostas, ein ehemaliger Töpfer, hat seine umgebaute Töpferei an jemanden aus Saloniki vermietet. Jetzt ist darin eine Diskothek untergebracht, aus der die ganze Nacht Musik dröhnt. Klagen wurden laut, und die Polizei erschien. Kostas als Grundbesitzer ist besorgt: Was soll er tun? Nikolakis ist der Meinung, er hätte achtsamer sein müssen bei der Wahl seines Mieters.

„Wir müssen immer achtgeben. Wir müssen wissen, wann es genug ist mit dem Bauen von mehr und mehr Ferienhäusern, Cafés und Restaurants und Geschäften." Seine Augen blitzen, während er mit der Faust auf den Tisch schlägt. „Wir haben jetzt hier auf Siphnos alles, was wir brauchen. Wir haben Busse, wir haben Straßen, Elektrizität, saubere Strände." Am Tisch hüpfen die Gabeln. „Wenn mir die Leute gratulieren und sagen, wie schön dieser Ort ist, wie sauber und angenehm, das bedeutet mir gar nichts. Ich tu das nicht für die Bravos und Anerkennungen."

Er hält ein, um ein Glas zu retten. „Es ist ein fortwährender Kampf", fährt er fort, indem er jetzt mit der Faust auf sein Knie statt auf den Tisch hämmert, Eisen auf Eisen, „um die Insel vor dem Schicksal von Ios und Mykonos zu bewahren, und ich tu es, damit meine Kinder hier später auch noch leben können."

Prachtvolle Schwertlilien überziehen diesen Hang an der Ostküste von Siphnos.

Die Blaumerle ist an den Felsküsten der Kykladen eine häufige Erscheinung.

Siphnos im Frühling

Die enge Bucht von Kamares wird von steilen Bergen eingerahmt, die im Norden und Süden senkrecht ins Meer abfallen. Ein langer Sandstreifen verbindet den Hafenort am Fuß des südlichen Hanges mit der schmalen Reihe von Häusern und Töpfereien, die sich dort entlangzieht, wo der Nordhang aufs Meer trifft. Im Frühling und Sommer geht die Sonne oft genau zwischen den beiden Vorgebirgen über dem Meer unter und zeichnet einen flammenden Pfad mitten durch die Bucht auf den Sand, als wollte die Natur, als sie diese Landschaft schuf, eine eckige Sonnenuhr konstruieren.

Vor zwanzig und mehr Jahren brannten nach Sonnenuntergang nur wenige Lampen in Kamares. Man konnte über die Bucht schauen und den flackernden, nadelkopfgroßen Lichtern Namen geben: Stavros, Bulis, Simos und Kamburakis. Die Lichter standen gleichsam für die Familien, denen dieser oder jener Laden gehörte. Das Licht, das in Winternächten am längsten brannte, war das von Simos, bei dem regelmäßig die Stammgäste zusammenkamen. Jorgos, der kretische Zollbeamte und

Hafenmeister, der sein Büro nebenan hatte, vergaß hin und wieder seine Schwermut und die Tonbänder mit der Musik von Theodorakis und unterhielt sich angeregt mit dem taubstummen Nikos, der sich mit flatternden, knorrigen Händen über dem Knauf seines Hirtenstabs, das stoppelige Kinn vorgereckt und das Zahnfleisch grinsend entblößt, in einer anschaulichen und bilderreichen Sprache verständlich machte.

Dieses dicht mit Schilf gesäumte Bachufer in einer Schlucht bei Kastro ist ein idealer Lebensraum für Wasservögel. Die Zwergdommel schreitet hier zur Brut, doch der Nachtreiher (vorn) hat nur eine kurze Rast eingelegt.

Jorgos, Simos sowie dessen Tochter Aglaia und ihr Bruder Lefteris verstanden diese Sprache ganz gut, aber die beste Übersetzerin war Simos' Frau. Dann und wann wurde sie gerufen: „Katé! Kiria Katé! Was sagt er?" Und Katé stieß sich von der Mauer, gegen die sie ihren müden schweren Körper gelehnt hatte, ab, verzog ihren Mund, der fast so zahnlos war wie der von Nikos, um ein Gähnen zu unterdrücken und übersetzte. Manchmal wurde Musik gemacht. Irgend jemand hatte eine Gitarre dabei oder eine Geige, und bald wollten alle Sänger ein Instrument. Alles, was an Haken von den Wänden des Lokals hing und die Regale füllte, wurde verwendet – Töpfe und Deckel, Holzlöffel und Waschbretter, Drahtbesen und Büchsen mit getrockneten Bohnen, Toilettenpapier und Kämme, Metallöffel und zinnene Weinkrüge. Der Einfallsreichtum der begeisterten Musiker war unerschöpflich. Simos mußte die Lampe füllen und noch mehr Wein bringen. Wenn wir heimgingen, machten wir im schwachen Licht des Mondes oder der Sterne einen großen Bogen um die Quelle hinterm Haus.

Jetzt kriecht das Dorf Kamares langsam den Berghang hinauf. Zuerst wurde aufgestockt, und man vermietete die Zimmer; dann, als die Kinder erwachsen wurden und heirateten und die Touristen Arbeit brachten, errichtete man hinter den ursprünglichen Häusern eine Reihe von Anbauten. Simos und Katé haben sich in ein solches Hinterhaus zurückgezogen. Ihr ältester Sohn Nikos betreibt das Café am Strand. Sein Sohn heißt ebenfalls Simos. In noch einmal zehn Jahren wird die Häuserzeile voraussichtlich noch eine Stufe höher den Hügel hinaufgewachsen sein.

Folgt man dem Bachlauf, stößt man inmitten von Oleander und Feigenbäumen auf eines der vielen Taubenhäuser von Siphnos.

Smaragtha, eine Frau in mittleren Jahren, und ihr Ehemann Jorgos arbeiten heute auf einem Feld oberhalb des Weges, der zur Kirche führt. Sie säen Kichererbsen. Die beiden zusammengeschirrten Kühe, eine hellbraune und eine weiße, die die Egge durch die rötlichbraune Erde ziehen, werden von Jorgos geführt. Smaragtha geht hinten nach und streut den Samen in die Furchen. Die Terrassen, die von

Der Wanderfalke war früher in ganz Europa verbreitet, nimmt aber bereits seit Jahrzehnten stark ab. Auf den Kykladen ist die Art auch heute noch häufig.

weißlich-grauen Felsen und Steinmauern eingefaßt sind, fallen in einem weiten Bogen zum glitzernden Meer ab. Da und dort hängen über dem hohen Klippenpfad Greifvögel am Himmel oder tauchen hinunter zum Meer: Mäusebussarde, Turmfalken, Kornweihen, Wanderfalken - und ein dunkler Schatten, von dem Peter meint, es könnte ein Habichtsadler sein.

An einem der landeinwärts gelegenen Hänge stoßen wir auf ein Fleckchen Erde, das irrtümlich für einen von einer hohen Mauer umgebenen Garten gehalten werden könnte. Es ist nicht durch Terrassen abgestützt, und lange Zeit hat hier niemand gemäht. Es scheint, als sei die Parzelle wegen der Blumen so belassen und nicht einfach von ihrem Besitzer aufgegeben worden. Ein wahres Meer von Blumen breitet sich hier aus: purpurroter und gelbblühender Salbei, weiße Kamille, gelbe Gänseblümchen, scharlachroter Klatschmohn, Stechginster, Affodill, Schopf-Traubenhyazinthen, und, durch ihre Höhe und Farbenpracht besonders auffallend, purpurrote Schwertlilien. Sie wachsen in Büscheln zwischen den Steinen, und Peter, der sich zum Zeichnen dazwischensetzt, hat ganz etwas von einem Gartenzwerg. Weiter oben liegen im Unterholz, das die zerstörten Mauern eines Hauses überwuchert, behauene Steine. Verdutzt bleibt ein Rebhuhn einen Moment lang wie angefroren auf einem Fensterrahmen unter einem Busch stehen und flattert dann davon. Die Ruinen sind ein Produkt der jüngeren Vergangenheit; doch die Steine darunter müssen weitaus älteren Datums sein.

Nachdem das Rebhuhn verschwunden ist, kommt es uns vor, als ziehe die Stille sich wieder zusammen und laste schwer über dem Ort und dem Hügel. Ein Zauber liegt über dieser Stätte, die Atmosphäre einer weit zurückreichenden, unbekannten Geschichte.

„Ruiniert! Alles ist ruiniert! Die Leute und die Insel, beide sind ruiniert!" Der Sprecher, ein Architekt, der jahrelang ein Sommerhaus in Kamares gehabt hat, ist nicht der erste, der diese Klagen äußert. Was er meint, sind der Fortschritt und die Folgen des Massentourismus. Er ist außer sich. Waschmaschinen, im Gespräch als schlechtes Fortschrittsbeispiel angeprangert, lehnt er rundweg ab. Aber vielleicht mußte er niemals an einem kalten, windigen Januartag im eisigen Wasser eines Brunnens Kleider und Leintücher waschen.

Kostas, der Bruder Smaragthas und unser früherer Hauswirt, geht in der Dämmerung über den Strand. Er holt immer noch das Trinkwasser in einem Krug aus Kamares und trägt es eigenhändig zu den Töpfereien, wo er eine ganze Anzahl winziger Zimmer an Gäste vermietet. Von dem kleinen See hinterm Strand, wo sich früher Wasserschildkröten tummelten, der aber jetzt fast vertrocknet und von Schilf überwachsen ist, erhebt sich ein Purpurreiher und fliegt langsam über den Pfad, den die untergehende Sonne zwischen die beiden Vorgebirge malt. Zwei Seidenreiher flattern träge zwischen einer Tamariske und einer anderen hin und her. Unter den Bäumen ist der Sand von Lastwagenspuren aufgewühlt. Kieshaufen, Fässer, Abfall und übereinandergelegte lange schwarze Röhren bedecken den Boden.

„Nichts wird jemals fertig, alles bleibt halb ausgeführt liegen! Wir Griechen –."
Kostas, der Taxichauffeur, unterbricht seine Klage. Es ist zum Verzweifeln. Die wichtigste Straße, die einzige, die von Kamares das hübsch gewundene Flußtal hinauf zu den größeren, hochgelegenen Dörfern der Insel führt, ist immer noch nicht asphaltiert, obwohl sie schon vor etlichen Jahren verbreitert wurde. Das hätte zur gleichen Zeit gemacht werden sollen, als der Hafen ausgebaut wurde.

Dort können jetzt große Fährboote anlegen. Busse und Lastwagen befahren die neuen Straßen der Insel, aber erst 1983 war endlich die Armee gekommen und hatte die Hauptstraße asphaltiert. Kostas seufzt. Die beiden Seiten des Fortschritts sind ein ewiges Thema. Er ist sich der Zweischneidigkeit der Entwicklung bewußt.

Er braucht die Arbeit und das Geld, aber er bedauert den Verlust von Ruhe und Frieden. „Einsamkeit und Stille! Ruhe und Frieden!" Welch eine Ironie, diese Worte mit Sehnsucht ausgesprochen zu hören, die einst mit gelangweiltem Entsetzen geäußert wurden.

Adonis, Katés Bruder, hat dieses Bedürfnis nach Ruhe und Frieden immer gehabt. Er wohnt im Winter in Kastro, aber sobald die sommerliche Toauristeninvasion beginnt, zieht er sich in die Schlucht auf seinen kleinen Landbesitz zurück. In der Klamm, durch die der schmale Fluß über flache Felsen rieselt und tiefe grüne Kolke bildet, die sich unter breiten Streifen riesiger Rohrkolben verbergen, fliegen ein paar Schritte vor uns Reiher aus dem Gebüsch auf. Es gibt hier sowohl Purpurreiher als auch Nachtreiher, und außerdem Zwergdommeln.

Bruch- und Waldwasserläufer picken trippelnd immer wieder in den schlammigen Grund des Flußufers, wo später im Jahr wilder Sellerie und Brunnenkresse wachsen. Die hohen Rohrkolben ragen himmelwärts und zeigen mit anmutiger Neigung die Windrichtung an. Oleander wächst aus Spalten in blauen und grauen Felsplatten, über die der Fluß in kleinen Kaskaden hüpft. An beiden Seiten steigen

Ein vom Winterregen stark angeschwollener Bach schießt bei Kamares durch eine Schlucht und bildet zwischen Schilfgürteln einen Teich. Sogar in den Trockenmonaten ist hier genug Wasser vorhanden, um vorbeifliegende Wasservögel, wie diese Purpurreiher, anzulocken.

Blütenpflanzen der Äcker und Hangterrassen

Bevor der Boden der landwirtschaftlich genutzten Flächen im Frühjahr bearbeitet wird, blühen dort unzählige bunte Blumen. Viele dieser „Unkräuter" sind heute sehr selten geworden.

Die Kykladeninseln sind wichtige „Trittsteine“ für viele Zugvögel, die das Mittelmeer überqueren müssen. Die Blauracke bildet einen weiteren Farbakzent in dieser an Farben wahrlich nicht armen Landschaft.

terrassenförmige Hänge an. Salbeibüsche, gelbgrüne Wolfsmilch, rot und grün leuchtende Mastixsträucher und Terpentin-Pistazien wuchern über Felsbuckeln und verfallenen Mauern. Wo die schieferblauen, braunen und grauen Steine auseinandergefallen sind, ergießt sich die rötliche Erde wie gefrorene Wasserfälle über die Terrassenmauern.

Unterhalb des Klosters von Vrisis, wo noch vier Mönche leben, zeichnet Peter den Blick durch die Schlucht auf das Dorf Kastro – eine Ansammlung weißer Kuben vor dem blauen Meer. Die Sonne über den steilen Hängen wirft scharfe Schatten, und die schwarzstämmigen Olivenbäume auf den Terrassen stehen in ihrem Licht wie verkohlte Reste eines Waldbrandes. Die flachen Abschlußsteine auf den Mauern schlängeln sich eckig wie aneinandergekoppelte Eisenbahnwaggons in einer Linie dahin. Unterhalb des Vorhofes einer kleinen Kapelle leuchtet eine Wiese voller Lupinen in tiefstem Blau. Vor der blendendweiß gekalkten Kapelle sehen sie besonders griechisch aus: Blau und Weiß, die Farben der Staatsflagge, das ist eine typisch griechische Farbzusammenstellung; blaues Meer und weiß gekalkter Stein sind typisch für die Kykladen.

Unten im Tal, bei einer Dattelpalme, deren junge Samen dunkel-orangefarben leuchten und deren fischgrätartige Fächerblätter sich nach allen Seiten weit ausbreiten, steht ein Taubenschlag, wie es sie auf der Insel zu Hunderten gibt. Aus den mit Karos und Dreiecken verzierten Öffnungen erscheinen von Zeit zu Zeit ganze Schwärme von Tauben, die wie vom Wind erfaßte Papierschnitzel in den blauen Himmel davonfliegen.

Heutzutage bewohnen viel mehr Tauben als früher die Taubenschläge. Es heißt ja, daß Tauben Wohlstand bedeuten. Auf Siphnos zeigt sich, daß dieses Sprichwort auch heute noch gilt.

Über den Feldern gehen Bienenfresser der Insektenjagd nach.

Die Larve der Ameisenjungfer (oben) gräbt Löcher in den Sand, die den Ameisen zur Falle werden. Das Weibchen der Gottesanbeterin (Mitte) ist bekannt dafür, daß es nach und manchmal sogar während der Paarung das Männchen frißt. Heuschreckenweibchen (unten) plazieren mit Hilfe ihres Legebohrers ihre Eier in Rissen und Spalten.

September auf Amorgos

Der Hügel hinter den grauen Steinquadern des halb verfallenen Turmes zeichnet sich unbestimmt gegen den Hintergrund ab, während die Sonne, die jetzt noch nicht den Horizont erreicht hat, langsam aufgeht. Über den Berghang trottet langsam eine große Ziegenherde, deren Glöckchen wie zartes, in Kaskaden über Steine plätscherndes Wasser klingen.

Gegen halb sieben Uhr sammelt das einzige Taxi der Insel die elf Kinder aus den verstreut liegenden kleinen Dörfern im Süden von Amorgos und fährt sie zur Schule in das eine Stunde entfernte Hora. Die steinige, staubige Straße windet sich über den hohen Hauptkamm der Insel, um Bergkuppen aus übereinandergewürfelten Felsen und um trockene, sparsam mit Disteln und stacheligen Büschen bestandene Hänge herum. An beiden Seiten fällt das Land steil zum Meer ab. Die Klippen der langen Südostküste bilden mit ihren senkrechten Steilwänden wie eine Festungsmauer gleichsam den Abschluß der Kykladen gegen die Inselgruppe des Dodekanes und die türkische Küste.

Im nordwestlichen Teil macht die Insel einen weit weniger trutzigen Eindruck, ja, sie hat fast etwas von einer zum Willkommensgruß gewölbten Hand und bietet ein wenig Schutz vor dem fast ständig wehenden Nordwind, der das Meer unablässig in hohen Brechern gegen die Küste schlagen läßt.

Diese Insel beherrscht der Wind. Er peitscht die Wellen manchmal zu solcher Höhe auf, daß kein Boot hinausfahren kann.

Im Winter kommt es vor, daß der Nachschub an Konsumgütern unterbrochen ist; dann gibt es vielleicht kein Paraffin oder keinen Zucker. Wir, die wir glauben, wir könnten Pläne machen und unser Leben und unsere Reisen organisieren, wie es uns gefällt und gerade paßt, müssen erkennen, daß wir genau wie die Distelwolle, die durch die Luft geweht wird und sich selbst aussät, wo immer sie hinfällt, dem Wind völlig ausgeliefert sind.

Inseln tauchen aus dem Meer auf wie Phantasiegestalten, blasse schlummernde Gebilde. Fährt man an einer Insel vorbei, so kann man, wie nahe man ihrer Küste auch kommt, den ihr eigenen Charakter nicht erkennen. Eine Insel sieht aus wie die andere: ein braungrauer oder ockerfarbener Rücken, der sich in wechselnden Formen zu Erhebungen türmt, auf denen da und dort vereinzelte Häuser und Kirchen als weiße Flecken zu sehen sind. Nichts regt sich dort, allenfalls einmal ein Boot, das um ein Vorgebirge fährt. Sogar der Hafen wirkt verschlafen, er erinnert eher an ein Gemälde als an etwas wirklich Vorhandenes. Betritt man aber eine dieser Inseln, so ist es, als hätte man einen Schlüssel umgedreht. Die Insel scheint eine Art von verborgenem Leben zu führen, das bis zur Ankunft irgendwo unentdeckt abläuft. Und wenn man sie verläßt und die Gestalten am Kai in der Ferne kleiner und kleiner werden, kommt wieder diese große Stille über sie, und wieder wird sie in der Erinnerung zu einem Gemälde – bis zum nächsten Besuch.

Auf einer Insel gibt es eine klare Grenze zwischen Ankunft und Abfahrt, zwischen Heimat und Fremde.

Kostas, der sein Leben auf Handelsschiffen verbracht hat, der jahrelang fort und nur jeweils einige Monate daheim war, ist nun wieder zu Hause. Seine Frau Vula, die ihre vier Söhne allein aufgezogen und all die Jahre hindurch niemals die Insel verlassen hat, lebt heute in Athen, damit die Buben dort studieren können. Kostas lebt von Gelegenheitsarbeiten auf der Insel. In Athen, sagt er, sind solche Jobs viel schwerer zu finden. Vitsezos, der als Bub jeden Tag auf seinem Esel an unserem Haus vorbeiritt, ist nach Jahren, die er als Zimmermann in Athen und als Koch in

Chicago verbrachte, auf die Insel zurückgekehrt. Er hat jetzt hier ein Restaurant eröffnet. Jede Familie hat ihre Verbindungen übers Meer, ihre Söhne und Töchter in Athen oder im Ausland, ihre Verwandtschaft, die hin und wieder von auswärts zu Besuch kommt.

Jede Insel hat ihre Eigenart, ihre ganz besondere Atmosphäre. Es ist nicht nur die Art, wie eine Insel im Meer liegt - rund und klein, lang und schmal, zerklüftet, lieblich, steil oder flach. Und es ist nicht die Art und Weise, wie sie Sonne und Wind ausgesetzt ist, und ob der größte Ort sich hoch oben im Landesinneren oder tief unten am Meer befindet. Die Bevölkerung jeder Insel ist so charakteristisch für sie wie Eingeborene eines fernen Landstrichs es für ihre Heimat sind. Und diese Verbindung von Eigentümlichkeiten der Natur und solchen der Menschen übt einen Einfluß auf die Besucher aus, die es auf eine dieser Inseln verschlägt, ebenso wie auf die Art, in der sich die Insel als Reaktion auf diese Besucher entwickelt. Es gibt Inseln, die für Urlauber attraktiv sind, die gern „Leben" um sich haben und Tanz und Musik; andere sind eher für diejenigen geeignet, die Ruhe und Einsamkeit suchen, einfaches Leben und eine rauhe Landschaft. Jeder Gast wird auf den Inseln unterschiedliche Erfahrungen machen, er wird finden, was er gesucht hat, oder er wird weiterfahren zur nächsten Insel.

Jeder von uns hat eine bestimmte Vorstellung von einem Ort und seinen Menschen, und die Wirklichkeit, falls es sie objektiv überhaupt gibt, ohne daß sie durch unsere Erfahrung gefiltert wird, ist für uns oft schwer zu begreifen und zu akzeptieren. Weiß der Inselbewohner, der niemals woanders war, mehr über seine Heimat als der Besucher, der Vergleiche ziehen kann mit anderen Orten, mit anderen Menschen?

Die Sonne, die mittlerweile hoch über den Hügeln steht, brennt den Boden der alten Tenne, die sich zwischen dem verfallenen Turm und der weißen Kapelle von Agia Triada befindet, steinhart. Den Ziegen, die über den Dreschboden trippeln und da und dort an dem trockenen, vom letzten Jahr übriggebliebenen Affodill zupfen, folgt ein zwölfjähriges Mädchen mit ihrem älteren Cousin. Sie geht nicht mehr zur Schule. Als Jüngste der Familie muß sie zu Hause helfen. Ihr älterer Bruder studiert in Athen. Ist sie schon einmal dort gewesen? Nein. Möchte sie gerne hinfahren? Ja. Abgesehen von einem gelegentlichen Ausflug nach Hora ist sie niemals weiter weg von zu Hause gewesen als im Sommer am Strand. Eine Stunde ist sie mit dem Esel über die Hügel geritten, und auch beim Fest von Agia Paraskevi war sie, das ist die Kirche, die hoch oben über der Bucht auf dem Berg liegt.

Oben am Hang, wo Samtkopfgrasmücken in den Mastix- und Wacholdersträuchern umherhuschen und Haubenlerchen in den Himmel aufsteigen, öffnet sich die

Angeblich wurde der Feigenkaktus von Kolumbus aus Amerika in den Mittelmeerraum eingeführt. Es ist eine äußerst nützliche Pflanze, die schnell wächst und sich zu einem hohen stacheligen Dickicht entwickelt, das sogar Ziegen abhält. Die gelbe, eßbare Frucht reift früher im Jahr als Feigen und Trauben.

Landschaft zu einem weiten Blick über die Inseln Karos, Antikeri und Grambusa, die rosig inmitten des tiefblauen Wassers liegen, das sich an ihren Ufern weißgischtig bricht.

Auf Grambusa sammeln sich Sturmtaucher zur Nachtruhe. Eines Nachts, als wir dort am Strand campierten, wurde die Stille der kleinen unbewohnten Insel von plötzlichen Schreien zerissen, die einem die Haare zu Berge stehen lassen konnten; sie hörten sich an, als würde ein Baby umgebracht. Ein paar Minuten fröstelte es die ganze Familie vor Entsetzen, bis Peter einfiel, daß es wohl Sturmtaucher seien, die wir hörten. Die alte Kiria Maria, die bei unseren Kindern die Stelle der Großmutter einnahm, wurde „die Grambusiani" genannt; ihre Familie hatte hier gelebt, und als Kind auch sie selbst. Sie waren die letzten Bewohner von Grambusa.

Zwischen den steinigen Hängen und dem Meer breitet sich das Land wie ein Flickenteppich aus terrassierten Feldern rund um die verstreuten Weiler aus, die sich von fern wie die gehäkelten Deckchen auf den hohen runden Beistelltischchen in Kiria Sofias *saloni* ausnehmen. Gestern bewirtete uns Kiria Sofia mit in Silberpapier gewickelten Schokoladenkuchen aus Athen, mit Kaffee, Keksen, Bonbons, Likör und, wie sie es ausdrückte „etwas Kühlem" – einer Schüssel mit einer Süßspeise, eine Art Malakofftorte. Schräg von der Wand nach vorne geneigt, hängen hoch oben zwei große goldgerahmte Porträt-Fotografien. Die beiden Väter, der von Jannis und der von Sofia, schauen lächelnd und wohlwollend auf uns herab – ein ungewohnter Eindruck, denn damals zeigten die Fotos meist grimmig dreinsehende Gesichter. Die beiden würden die Einrichtung des Raumes sicher wiedererkennen, wenn sie noch lebten: kleine Schränke mit Spiegelregalen, in denen feines Porzellan und gravierte Gläser stehen; kleine Tische mit Porzellanfiguren auf gehäkelten Deckchen; solide Stühle mit hohen Rückenlehnen, die wie Soldaten um den Tisch in der Mitte und an den Wänden stehen.

In der blauen Meerenge zwischen den in weitem Halbrund abfallenden ockerfarbenen Terrassen und den graugrün gesprenkelten Hügeln von Amorgos und dem nahen Grambusa kämpft sich eine Jacht langsam aufs Meer hinaus. Es herrscht fast

Oben: Die Kapelle zur heiligen Dreifaltigkeit bei Arkesini auf Amorgos. Daneben erkennt man die Mauern eines Turms aus klassischer Zeit.

Unten: Diesen Blick auf die Bucht von Katapola mit der Pandeleimon-Kapelle auf der kleinen Landzunge konnten wir täglich genießen, während wir auf Amorgos lebten.

Windstärke 7. Die Wasserfläche ist zu weißgesäumten Fetzen zerrissen, und immer wieder wird das Schiff hochgehoben, kentert beinahe, krängt, steigt wieder hoch, schaukelt und rollt. In einer Stunde wird es den Hafen von Katapola erreicht haben, wo es neben anderen Jachten ankern wird; darunter wird auch die Jacht jenes norwegischen Ehepaares sein, das drei Jahre zuvor sein Haus in der Heimat verkauft hat und seither über die Meere segelt, über den Atlantik in den Indischen Ozean, und jetzt ins Mittelmeer. „Im Indischen Ozean blies der Wind gleichmäßig und sanft und immer aus derselben Richtung", sagen sie. „Man weiß immer genau, wann man ankommt. Hier ist alles so unvorhersehbar." Gestern versuchten sie auszulaufen, gaben aber in Höhe des Leuchtturms wieder auf. Für sie ist Amorgos ein Hafen, wo sie Wasser und Dieselöl in einem schwierigen Teil des Meeres bekommen, den sie mit Sicherheit nicht wieder besuchen werden.

Im steilen Tal hinter der Bucht von Katapola, wo die kleine Kirche von Evangelimos wie ein Stück Schaumgebäck aufragt, haben Bienenfresser ihre Reise nach

Im September öffnen sich von einem Tag zum anderen die rosafarbenen Blüten der Bunten Herbstzeitlose (Colchicum variegatum) dicht über der ausgetrockneten Erde.

Viele Fisch- und Krebsarten sind durch Sporttaucher, die mit Harpunen ausgerüstet sind, arg dezimiert worden. Dazu gehören Epinephelus alexandrinus (unten) und die Languste (links unten). Häufiger sind noch die Gestreifte Meerbarbe (Mullus surmuletus), die hier den Meeresgrund nach Nahrung absucht, der Seepapagei, den es in zwei Farbvarianten (grau bzw. rot und grau) gibt, die Bindenbrasse (oben, Mitte) und die Spitzbrasse (rechts oben). Rechts über der Felsspalte schwimmen Meerbarbenkönige, ein Lippfisch (Crenilabrus rostratus) und zwei Meerjunker (Coris julis).

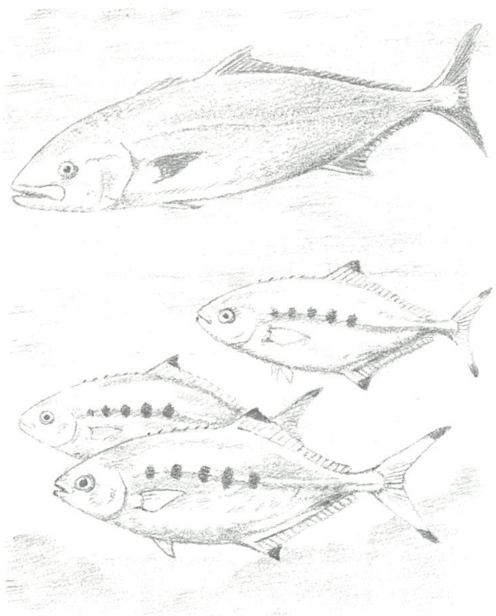

Zwei Fischarten, die im offenen Meer leben, aber manchmal auch Küstengewässer besuchen: der Seriolafisch (oben) und der Bläuel (unten).

Afrika unterbrochen. Ihre leuchtenden Farben explodieren im Sonnenglanz: die meerblaue Brust, der sonnengelbe, schwarz konturierte Kopf, die orangefarbenen Flügel, die im Sonnenlicht fast durchscheinend sind. Mit wie Fischflossen abgespreizten Flügeln segeln und schweben und stürzen sie herab wie Papierdrachen und schnappen nach Schmetterlingen, Insekten und Bienen. Ihre wohltönenden Rufe klingen manchmal schrill wie hohes Flöten, manchmal wie gedämpftes Pfeifen unter Wasser.

Pandelis, der Fischer, bestellt eine Flasche Bier nach der anderen. Er erzählt von einem Hubschrauber, der aus Rhodos Leute herbrachte, die ihn nach Robben fragten. Pandelis hat in den vergangenen fünf Jahren überhaupt keine mehr gesehen, während es früher alle paar Kilometer in den Höhlen rund um die Insel welche gab. Jedes Jahr wird der Fischfang schlechter. Das Meer ist leergefischt, und er führt die üblichen Gründe an: bessere Netze, erhöhte Nachfrage, mehr Fischer und mehr Berufsfischer, die mit Harpunen arbeiten. Es gibt auch welche, die zu Dynamit greifen und alles töten, die Fischbrut und manchmal auch sich selbst, wie es erst in diesem Jahr wieder passierte.

Den sogenannten Maifisch zu fangen ist auch nicht mehr möglich. Die traditionelle Fangmethode bestand darin, weiße Tücher ins Meer zu hängen, die die Fische anzogen. Aber der Maifisch interessiert sich nicht mehr für die Tücher. Man nimmt an, daß der Fisch heutzutage all den weißen Plastiksäcken folgt, die nicht sinken, sondern im Wasser treiben, so daß die Tücher der Fischer nicht mehr so einzigartig attraktiv sind. Immerhin sieht Pandelis hin und wieder noch Delphine.

Sie helfen, Pelamiden in die Netze zu treiben, doch essen würde er das Fleisch von Delphinen niemals, weil sie Freunde des Menschen sind, und er weist auf die Sage von Apollon und dem Delphin hin. Das strenge Tabu, Delphine zu töten, ist etwas, das die jungen Fischer heute nicht unbedingt von ihren Vätern übernehmen wollen.

Auch die Söhne der Schäfer wollen nicht in die Fußstapfen ihrer Väter treten. Jorgos' Haus auf der Bergkuppe oberhalb des Hauses, in dem wir selbst gewohnt haben, ist leer. Weiße Schaumkronen schlagen entlang der ganzen Küste ans Ufer. Die Kirche von Agios Pandeleimon steht auf ihrem Vorgebirge wie ein Meilenstein, der die Vertrautheit der Szenerie unterstreicht. Disteln, dürre Affodillstengel und Kletterranken wachsen zwischen den Steinen der Tenne. Über die Mauern vor dem Haus wuchern Feigenkakteen. Es ist nicht zu übersehen, daß sich in den eingestürzten Steinschuppen manchmal noch Ziegen aufhalten und daß sie auf den Terrassen unterhalb, wo Herbstzeitlosen blühen, zu grasen pflegen. Auf dem trokkenen Boden öffnen sich schon jetzt, vor dem ersten Herbstregen, die krokusförmigen, fast stengellosen Blüten mit ihren sechs dunkelroten, gefleckten Blütenblättern. Die Blätter erscheinen erst später, mit dem Winterregen, nachdem die Blüten verwelkt sind. Sie führen der Knolle Nährstoffe zu, so daß die Pflanze im folgenden Jahr wieder blühen kann.

Man kann sich heute kaum mehr vorstellen, daß in die verfallenen Häuser der Inselschäfer auf den kargen Hängen wieder neues Leben einkehren wird. Dort oben auf den Bergen wird es wohl im nächsten Jahr keinen neuen Anfang geben.

Die Fischer sehen im Delphin einen Freund des Menschen und erzählen gern die Geschichte, wie Apoll auf dem Rücken eines Delphins nach Delphi kam. Aber Delphine beschädigen manchmal Netze und holen sich die Fische – und nicht alle jungen Fischer teilen den Glauben der Älteren, daß es Unglück bringe, einen Delphin zu töten.

Mittelgriechenland

Athen liegt im Zentrum Griechenlands, vergleichbar mit einer Spinne in ihrem Netz. Hier beginnen und enden alle Reisen. Es gibt nicht viele Hauptstädte, die so günstig gelegen sind. Delphi galt zu seiner Zeit nicht nur als Zentrum Griechenlands, sondern der ganzen Welt. Eigentlich befinden sich beide, Athen und Delphi, südlich der Region, die man im allgemeinen Mittelgriechenland nennt.

Der Titel dieses Kapitels bezieht sich auf den zentralen Teil des Festlandes, ein Gebiet, das so vielfältig ist wie Griechenland als Ganzes. Die Inselgruppen lassen sich problemlos in einzelne Kapitel gliedern, die Peloponnes hat einen eigenen Charakter und ebenso Nordostgriechenland. Man könnte ein Messer nehmen und das Land in Gebiete „zerschneiden", die ausgeprägte regionale Eigenheiten haben. Doch das Mittelstück, das übrigbleibt, ist in sich so verschiedenartig, daß man unmöglich allgemeingültige Charakteristika aufzählen kann.

Die Ketten des Pindosgebirges, die von Norden nach Süden verlaufen, bilden eine massive Grenze zwischen dem Osten und dem Westen Griechenlands. Das Parnaßgebirge setzt diese Linie fort, die mit den drei den sogenannten „Lehnstuhl" bildenden Bergen Parnes, Pentelikon und Hymettos vor den Toren Athens endet. Eine andere lange Bergkette, Ausläufer des nördlichen Pindos, zieht sich an der Ostküste entlang: Sie beginnt mit der Pieria-Kette, gefolgt vom Olymp, dem Riesen unter den griechischen Bergen, dem Kissavos, dem Ossa, dem Piliongebirge und den Bergen der küstennahen Insel Euböa. Jedes dieser vielschichtigen Bergmassive ist eine Welt für sich und Lebensraum für eine reiche Fülle verschiedenster wildlebender Tiere. Auch die Hochebenen und Plateaus zwischen den Bergen sind, ökologisch gesehen, „Inseln" mit eigenständigen Merkmalen. Die Küstenmarschen und die zypressenbestandenen Hügel der Westküste sind ganz verschieden von den fruchtbaren Flächen der Thessalischen Ebene und den Obstplantagen des Pilion. Am Olymp wachsen Blumen, die man nirgendwo sonst findet.

In den Bewässerungsgräben der Ebene leben Otter und Hasen, Steinmarder und Füchse; sie sind überall regelmäßig zu sehen. Wölfe, Wildschweine und Bären freilich sind heute auf die abgelegensten und unwegsamsten Gebiete des Pindos beschränkt. Ein häufiger Anblick in den Ebenen des griechischen Festlandes ist dagegen der Storch in seinem sperrigen, aus Reisern errichteten Nest, das in Griechenland üblicherweise hoch auf einem Telegraphenmast steht, so daß man glaubt, es müsse jeden Moment herunterfallen.

Der 1795 Meter hohe Berg Tsuka bildet einen Teil der unzugänglichen und schwer überschaubaren Pindos-Kette. Die Nadelwälder dieser zerklüfteten Region beherbergen eine große Zahl interessanter Wildtiere.

Seite 64: Im 14. Jahrhundert wurden auf vielen der rings um die Stadt Kalambaka gelegenen steilen Gipfel – wie hier in Meteora – von frommen Einsiedlern Klöster gegründet. Vor dem Gipfel kreisen Schmutzgeier, und ein Alpenseglertrupp jagt in den Tälern in raschem Flug Insekten.

Athen

Nachdem wir mit Freunden einen Tag in den Bergen verbracht hatten, verlief die Rückfahrt nach Athen in einer einzigartigen Stimmung. Es wurde langsam dunkel, und die Straße zog sich in einer geraden, endlos scheinenden Linie sanft bergab. Unsere vier Begleiter waren wie benommen von der Höhenluft und von all dem Neuen und begannen im wiegenden Dunkel des Wagens zu singen. Nikos und Oliga sangen jedes griechische Lied, das sie kannten. Sie sangen es wieder und immer wieder, und wir lernten die Weisen wie von selbst.

Als schließlich Athen vor uns auftauchte, waren wir bei den alten Kinderliedern angekommen. Während wir die Vorstädte Kifissia und Psychiko passierten, ging ein Mann auf den Markt, um seiner Frau einen Hahn zu kaufen, der sie mit seinem Kikiriki des Morgens aus dem Schlaf wecken sollte, und auf der Fahrt vorbei am Zappionpark zum Syntagmaplatz kam eine ganze Reihe lärmender Tiere dazu: Bellende Hunde, miauende Katzen, muhende Kühe und Esel mit ihrem „I-a".

Athene, die Göttin der Weisheit, wurde bereits seit etwa 1500 v. Chr. auf der Akropolis verehrt. Etwa um diese Zeit wurde auch aus der Siedlung zu Füßen des Berges eine Stadt, die nach Athene benannt wurde. Der Steinkauz auf dieser antiken 4-Drachmen-Münze war das Sinnbild der Göttin und gilt noch heute als Symbol der Stadt Athen und der Weisheit.

Damals waren nur wenige Autos unterwegs. Nikos und Oliga besaßen, wie die meisten Athener, keinen eigenen Wagen. Griechenland außerhalb von Athen war für sie ein fremdes Land, und sie teilten viele unserer ersten Entdeckungen mit uns. Mit Jannis und Vasso lernten wir die Namen der Fische, die zwischen den Felsen an der attischen Küste schwimmen. Mit einem anderen Jannis verbrachte Peter einen Tag zwischen den Blumen und Schmetterlingen des Parnaß und zeichnete an den Hängen des Berges Parnes Mittelmeer-Zitronenfalter und Heufalter.

Heute wohnen wir in einem schicken Hotel im Zentrum Athens mit Schwimmbassin und marmorverkleideter Bar. Der Parnes ist beinahe unsichtbar, man nimmt kaum wahr, daß die Stadt an drei Seiten von den drei Buckeln des Parnes, des Pentelikon und des Hymettos umgeben ist und sich nur auf einer Seite zum Meer hin öffnet. Mit Leitungsdrähten und Antennen gespickte Häuserblocks dehnen sich endlos nach allen Richtungen aus. Der Parthenon auf der Akropolis ist jetzt abgesperrt. Dieser Felssockel erhebt sich auf der einen Seite der Stadt, und auf der anderen ragt zwischen den stufigen Gassen die Spitze des Lykavitos hervor. Trotz der strengen neuen Verkehrsregeln – an einem Tag dürfen Autos mit geraden Nummern nicht fahren, und am nächsten die mit ungeraden nicht – stauen sich die Fahrzeuge die ganze Panepistimiu-Straße entlang. Ein Oberleitungsbus hat sich am Omonia-Platz ausgehängt, und hinter ihm zieht sich eine Schlange von O-Bussen bis zum Syntagma-Platz. Sie ähneln den gelb-schwarzen Raupen, die im Winter von den Pinien herunterkommen und in langen Kolonnen über das Pflaster kriechen.

Nördlich von Psychiko liegt der bewaldete Vorort Kifissia, wo anmutige alte Häuser in grünen schattigen Gärten stehen. Hier hat Niki Gulandris, die Tochter eines Reedereimagnaten, ein naturhistorisches Museum geschaffen. In kühlen Marmorsälen kann man Steinadler und Bartgeier anschauen; hier kann man die Unterschiede zwischen der Griechischen Landschildkröte und ihren Verwandten untersuchen und das Firmen-Emblem einer Ölgesellschaft als die Muschel *Proteus glaber* identifizieren. Es gibt auch eine botanische Abteilung, in der die wildwachsenden Blumen Griechenlands studiert und gezeichnet werden. Alles ist peinlich exakt geordnet.

Darüber hinaus gibt es noch andere, die sich intensiv der Fauna und Flora Griechenlands annehmen. Im Büro der Griechischen Naturschutzgesellschaft holt Byron Antipas munter lächelnd einen dicken Akt mit Ausschnitten nach dem anderen herbei –

Neben dem mit Akanthusblättern verzierten Säulenkapitell wächst ein Dorniger Akanthus (Acanthus spinosus). Die Bildhauer der Antike griffen oft auf natürliche Formen als Stilelemente zurück.

Die Umrisse der Blüten und Blätter wurden auf einfachere Formen reduziert, die dann, mehrfach wiederholt, ornamentale Reliefs ergaben, wie hier auf einem Fries am Parthenon.

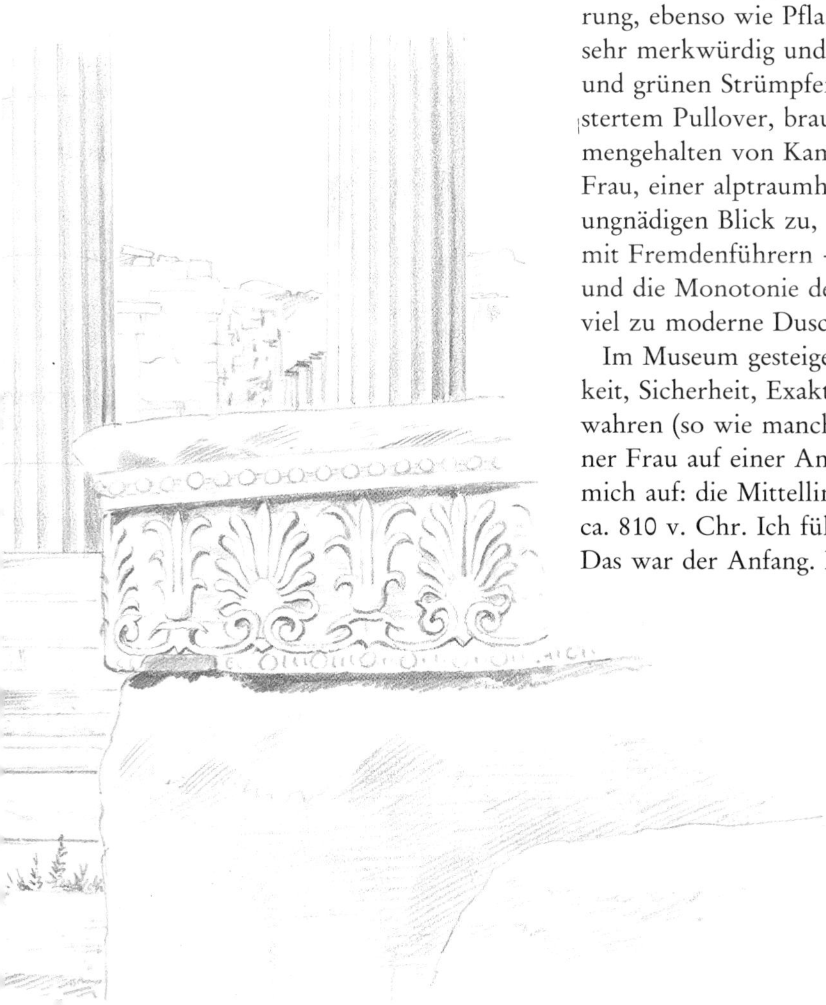

alles Zeugnisse jahrelanger Auseinandersetzungen. Seinen Assistenten, Peter Brussalis, scheinen sie eher zu entmutigen. Er beugt sich seufzend über seine Landkarte mit roten, grünen und gelben Punkten. Sie bezeichnen Gebiete, die in drei Kategorien eingeteilt sind: Nationalparks, Landschaftsschutzgebiete und Naturdenkmale. Anscheinend bedeuten diese großartigen Bezeichnungen in der Praxis nur wenig. Aber die Zeitschrift NATUR, die die Gesellschaft herausgibt, sooft sie kann, macht dem Leser Hoffnung: nicht durch ihre Berichte über Zerstörung und Ausrottung, wohl aber hinsichtlich der merklich wachsenden Zahl von Menschen, die sich in Griechenland zugunsten der Natur und der Umwelt engagieren.

Am Eingang zu der Stätte, an der sich der Marktplatz des antiken Athen befand, fordert eine Wandzeitung zur Unterstützung der streikenden Museumswächter auf: „Bitte unterstützt die Rechte der Arbeiter.“ Wie das geschehen soll, ist völlig unklar. Die Streikenden haben das Tor versperrt; so unterstützt man vielleicht einfach den Streik schon dadurch, daß man nicht an der Kette rasselt oder hinüberklettert. Ein Besuch der Agora gehörte für uns seit eh und je zu jedem Aufenthalt in Athen. Voller Begeisterung spielten wir hier zum erstenmal mit der Idee, ein Buch über Griechenland zu schreiben. Auf der einen Seite des Tors liegt das moderne Athen mit all seinen Problemen, die anderswo ganz ähnlich sind: Die Stadt ist ein Pandämonium mit überfüllten Straßen und viel zu vielen rastlosen Menschen, mit Touristenmarkt und Trödelmarkt; und auf der anderen Seite, unterhalb der Akropolis, befindet sich der alte Markt.

„Köstliche Luft, Düfte, Rundblicke“, steht in einem alten Notizbuch. „Baumblüte, gelber Jasmin, weiße Mandeln, rosa Kirschen; Judasbaum leuchtend cremigrot. Menschengemachte Skurrilität neben menschengemachter Perfektion – die Proportionen des Hephaistos-Tempels, dunkel, aufrecht, länglich, rahmt den Blick auf die sonnenbeschienene Akropolis wie ein Schlüsselloch ein. Weicher Stein. Skurrile Menschen, Gruppen von Touristen erwecken Neugier, Erstaunen und Verwunderung, ebenso wie Pflanzen, Architektur, Geschichte. Alles scheint mir im Moment sehr merkwürdig und wunderbar. So viele seltsame Leute – ein Mann in Kniehosen und grünen Strümpfen, ein anderer graubärtig, untersetzt, mit Wollmütze, gemustertem Pullover, braunen Shorts, weißen Beinen, Wollsocken – das ganze zusammengehalten von Kamerariemen, geht mit großen Schritten neben einer größeren Frau, einer alptraumhaften Brunhilde. Brunhilde dreht sich um und wirft mir einen ungnädigen Blick zu, als sie sieht, daß ich ihren kleinen Mann anstarre. Gruppen mit Fremdenführern – hypnotisierter Ausdruck der Gesichter, gefangene Blicke und die Monotonie des Erklärenden – so unerbittlich und nicht abstellbar wie die viel zu moderne Dusche im Hotel.

Im Museum gesteigertes Wahrnehmungsvermögen, fast schmerzlich: die Sparsamkeit, Sicherheit, Exaktheit der Linien. Ich wollte mir dieses Gefühl irgendwie bewahren (so wie manche Leute fotografieren müssen), also kopierte ich das Profil einer Frau auf einer Amphore – Auge, Nase, Mund, Kinn. Das Schildchen klärte mich auf: die Mittellinie des Mundes deutet das berühmte archaische Lächeln an, ca. 810 v. Chr. Ich fühlte, daß ich auch ein archaisches Lächeln zeigen müßte. Das war der Anfang. In der Folgezeit entstand dieses Buch.

Delphi und der Parnaß

In Delphi erzählt uns eine ältere Witwe von ihrem Mann. Fast sein ganzes Leben lang arbeitete er mit einem berühmten Archäologen an diesem altehrwürdigen Ort. Er sagte immer, Delphi sei in alter Zeit das Zentrum der Welt gewesen, und heute sei es der schönste Ort auf Erden. Sie meint, das müsse wahr sein, denn von überall kämen Menschen das ganze Jahr hindurch hierher. Ihr Mann sei weit herumgekommen. Obwohl er nicht aus Delphi stamme, habe er nie anderswo leben wollen. Sie selbst sei eine Hiesige, ein gewöhnliches einheimisches Mädchen, sagt sie.

In einer Kehre am Berghang ist im Schatten der Olivenbäume unterhalb des Tempelbezirks eine Gruppe von Arbeitern damit beschäftigt, die Straße von herabgefallenen Steinen zu räumen. Sie bieten uns einen Schluck kühlen Wassers aus einem irdenen Krug an und reden über Fußball. Weiter oben sind Schulkinder im Stadion eingetroffen. Immer wieder brandet Applaus auf, und Beifallrufe durchdringen die blaue Luft, wenn ein Durchlauf beendet ist. Einer der Jungen hat die 600 römische Fuß lange Strecke 25mal zurückgelegt.

Beim Schatzhaus von Siphnos, das aus dem Ertrag der Goldminen der Insel Siphnos errichtet wurde, informiert eine Fremdenführerin ihre Zuhörerschaft, daß hier „zum erstenmal in der Geschichte der Architektur Mädchen anstelle von Säulen verwendet wurden". Diese aufsehenerregende Neuigkeit wird auf Französisch, Italienisch und Deutsch wiederholt. Das Publikum starrt verdrießlich auf die Steine. Schwer zu sagen, was in den Leuten vorgeht: Stellen sie sich tatsächlich Mädchen aus Fleisch und Blut vor, die das Dach des Schatzhauses halten? Oder empfinden sie Bewunderung für die architektonische Neuerung im 6. Jahrhundert vor Christus? Fällt ihnen vielleicht gerade jetzt ein, daß sie doch besser andere Schuhe angezogen hätten, oder bedauern sie, am Abend zuvor die gefüllten Weinblätter gegessen zu haben?

Während lange Reihen von Bussen an der Auffahrt zur alten Stadt parken und buntgekleidete Menschengruppen zwischen den Ruinen umherlaufen, erkunden wir, was Delphi an Naturschönheiten zu bieten hat. Eine Blaumerle baut ihr Nest, ein Schalbenschwanz schlüpft aus seiner Puppe. Die Blumen, die jetzt im Frühling zu Tausenden aufblühen, sind meistens gelb und rot. Die Felsen-Glockenblume, Mondviolen, Winden und Traubenhyazinthen setzen dazwischen rote, violette und

Die Hänge oberhalb von Delphi präsentieren im Frühling eine ungeahnte Blumenpracht. Neben Doldenblütlern, Wicken, roten Anemonen und Hahnenfußarten erkennt man hier die blaßviolette Ganzrandige Witwenblume (Knautia integrifolia), die gelben, rotgerandeten Blüten der Griechischen Lotwurz (Onosma graeca), die Durchwachsenblättrige Gelbdolde (Smyrnium perfoliatum) und die Schopf-Traubenhyazinthe (Muscari comosum).

blaue Farbakzente. Neben dem gelbblühenden Echten Zackenschötchen, das hier häufig ist, wachsen grünlichgelbe Wolfsmilchsträucher, die hängenden gelben Trompeten der Griechischen Lotwurz und die prächtigen Blüten der Durchwachsenblättrigen Gelbdolde. Oben an den Hängen beginnt Gelber Affodill zu blühen, und zwischen den Felsen schmücken verschiedene Orchideen und Zwerg-Schwertlilien den Berg mit noch leuchtenderen Farben.

Auf dieser Höhe über Delphi ist der Zauber des Ortes noch stärker zu spüren, ein Zauber, der nicht vergeht, gleichgültig, wie viele von uns, erhitzt und müde, die Wege hinauf- und hinunterstapfen. Die mächtigen Felsen, die in einem Halbkreis aufragen, unterstreichen noch das Gefühl, daß dies wirklich der Nabel der Welt sei. Unterhalb heben sich die wenigen erhaltenen honigfarbenen Säulen des Apollontempels scharf gegen das blaugraue Laub der Oliven ab, die sich am Hang hinunter bis in das Flußtal des Pleistos erstrecken. Aus der von hier oben nicht einsehbaren Schlucht steigt der Berg Kivrys schroff in der Ferne empor, als wolle er Delphi vom Meer abschirmen. Im Westen ziehen sich Olivenhaine wie Meereswellen hinunter zur Ebene von Itea und zum Hafen.

Unterhalb der Straße und der drei übriggebliebenen Säulen der Tholos führt ein Pfad im Zickzack zwischen den Olivenbäumen hindurch, und augenblicklich sind die Busschlangen und der Straßenlärm vergessen. Eine zeitlose, ländliche Szenerie breitet sich vor uns aus. Über die Terrassen fallen wie Schleier unzählige Blumen, die goldene, rotgerandete Große Wachsblume, gelbe und weiße Doldenblütler und roter Mohn. Zwei Bienen sitzen schläfrig im seidig-roten Kelch einer Mohnblume. In einem kleinen Mastix-Gebüsch raschelt es geschäftig und leise, Äste bewegen sich hier und dort, und dann kommt eine Schildkröte hervor. Ihr Panzer sieht aus wie ein Apfelkuchen, dessen Ränder mit dem Daumen mit Mustern verziert wurden. Sie blickt zum Himmel, und in ihren Augen, so scheint es uns, liegt die Erfahrung von Jahrmillionen.

Tief unten in der Schlucht überquert eine Brücke den Pleistos, der milchiggrün über weiße Steine plätschert. Schroffe Felsen türmen sich auf, einer höher als der andere, als versuchten sie, über die silberblättrigen Oliven hinüberzuschauen. Sogar aus dieser Entfernung ist die Sicht auf Delphi klar, und die Säulen und Sitzreihen des Amphitheaters sind deutlich zu erkennen. Hoch darüber umfangen die schützenden Arme der Phädriadenfelsen, deren Buckel an von innen heraus illuminierte Kürbisse erinnern, die alte Stadt. Da und dort schimmert in der blaugrünen Landschaft ein Judasbaum, und manche sind so übersät mit milchigroten Blüten, daß ihre Äste kaum zu sehen sind. Man glaubt beinahe, die Farbsymphonie akustisch

Oben: Während die höchsten Gipfel des Parnaß im April noch schneebedeckt sind, leuchten auf den Wiesen im Tal unzählige Blausterne (Scilla bifolia) und Krokusse (Crocus veluchensis).

Unten: In der Nadelwaldzone an den Hängen des Parnaß findet man die Zwerg-Schwertlilie (Iris pumila ssp. attica).

wahrzunehmen. So deutlich und intensiv tritt jede Einzelheit hervor, daß es ist, als hätte ein jedes seinen eigenen Klang: Der azurblaue, wolkenlose Himmel ist ein weiter, ferner Ton – eine Oboe vielleicht –, die Felsen erinnern an Orgelmusik, an aufrauschende Tonleitern und Akkorde, die Olivenblätter mit ihren silbrigen Unterseiten, die jede noch so zarte Brise spüren, sind Harfensaiten, und der blühende Judasbaum gemahnt an eine Klarinette oder Trompete.

Früher konnte man in den Klüften über Delphi Steinadler beobachten. Einige Männer, die mit der Olivenernte beschäftigt sind, berichten, die Hirten des Parnaß hätten sie alle abgeschossen. Statt dessen gibt es Alpendohlen und Möwen. Ein Schwarm kreischender Möwen verschwindet gerade eben hinter den Bergen. Von hier scheint es, als müsse der eingeengte Horizont die Grenze der Erde sein, jenseits davon kann es nur noch das Blau des Himmels geben.

Vielleicht haben die Invasoren, die das antike Delphi heimsuchten, ähnlich empfunden. Wenn Gefahr drohte, kletterten die Bewohner von Delphi einfach über die in den Stein gehauenen Treppen, um im Himmel zu verschwinden. Der beunruhigende Gedanke, daß die andere Welt, das Jenseits, am Horizont beginnen könnte, ja schon allein das Davonklettern verhinderte jegliche Verfolgung. Der Feind zog weiter; das Volk von Delphi konnte aus seinem Versteck, der riesigen Korkyrischen Höhle, hervorkommen und in seine Häuser zurückkehren.

Drei Erlenzeisige, zwei Männchen und ein Weibchen, haben sich auf den Zweigen dieser Griechischen Tanne (Abies cephalonica) niedergelassen.

Von der Plattform am Eingang zur Höhle sieht man, daß die schroffen Grate, die das Gesichtsfeld eingrenzten, sanften grünen Wellenlinien mit Nadelbaumgruppen gewichen sind, die eine Ebene ringsum einfassen und die erste einer Reihe ähnlicher Bergketten darstellen, die sich südwärts zu den fernen Gipfeln der Peloponnes hin verlieren. Hier oben befinden wir uns in einer anderen, mit den schroffen Felsen von Delphi nicht vergleichbaren Welt. Die Ebene unterhalb der Plattform ist ein in Streifen und Rechtecken bebautes Ackerland. Tannenbewachsene Felsen gibt es da und einen trüben bewegungslosen Fleck braunen Wassers, an dem sich die Möwen sammeln. Die Höhle ist groß und feucht, und Tropfsteine hängen von der Decke herab. Ihr moderner Name ist *sarantavli,* das heißt „vierzig Zimmer“. In ihren Tiefen hallt das Echo wider; hier ist wirklich Platz genug, um die Einwohner etlicher Dörfer aufzunehmen.

Noch immer liegt Schnee auf den Gipfeln des Parnaß, und ein, zwei Autos mit Skiern auf den Dachgepäckträgern beweisen, daß die Skisaison noch nicht vorbei ist. Auf den nadelbaumbestandenen Vorbergen liegen umzäunte Grundstücke und einzeln eingestreut ein paar neu erbaute Häuser. Manche sehen aus, als seien sie von einem Knusperhäuschen-Architekten entworfen. Früher sahen die Städter oft auf das Land herab als auf etwas, dem sie entkommen waren, wo ihre armen Verwandten lebten. Nun schätzen sie es als einen Ort, an den sie sich zurückziehen können, wenn sie dem Schmutz der Stadt entkommen wollen. Ein Wochenendhaus auf dem Land, davon träumt heute jeder. Es gibt ein neues Gesetz, das das Bauen in den geschützten Wäldern verbietet, aber es ist fraglich, wie viele von den Wäldern des Parnaß im jetzigen Zustand bleiben werden.

Noch aber ist es hier menschenleer. Strahlen-Windröschen bilden ausgedehnte blaue Blütenmeere am Fuße hoher schwarzer Griechi-

scher Tannen, und in geschützten felsigen Mulden überziehen Matten von Ehrenpreis, Vergißmeinnicht, gelbem Greiskraut, Mauerpfeffer, Hirtentäschel, Wicken, Läusekraut, Traubenhyazinthen, Lichtnelken und Wolfsmilcharten den Boden. Mitten auf einer steinigen Hochebene glänzt es metallisch blau. Ist das vielleicht ein See aus geschmolzenem Schnee oder irgendein Pulver, eine Mineralablagerung?

Als wir näherkommen, löst sich das Rätsel. Unzählig blaßrote Krokusblüten und solche des Zweiblättrigen Blausterns stehen so dicht beisammen, daß man keinen Fuß vor den anderen setzen könnte, ohne die Blumen zu zertreten. Der Schnee ist an der Sonne so schnell geschmolzen, daß Wasser und Erdteilchen zu einer glatten Schicht eingetrocknet sind, die in der Hitze zu kleinen Platten zerbrochen ist. Einige Pflanzen haben solche Stücke hochgestemmt, und sie hängen jetzt schräg auf ihren frischen Trieben: ein eindrucksvolles Beispiel für die Kraft der austreibenden Krokusse.

Peter zeichnet den Parnaß. Neben ihm reckt aus einer Spalte in einem gestürzten Baum eine Eidechse ihr Köpfchen hervor. Es ist ein schmales, glattes Ding, das sich mit seinen gespreizten Zehen an den Rand der Spalte klammert. Das Tier scheint festgestellt zu haben, daß es ungefährlich ist herauszukommen und flitzt ruckweise über den rindenlosen, muschelhellen Stamm. Hoch über uns fliegt ein Mäusebussard. Durch seine Schwungfedern leuchtet die Sonne wie durch Pergament, so daß der Vogel aussieht wie ein Papierdrachen. Grüngelbe Erlenzeisige huschen von Baum zu Baum. Sie wispern ganz zart, und Peter findet, es klinge wie eine in der Ferne brutzelnde Bratpfanne. Das Krächzen eines Kolkraben ist zu hören, ein sehr dunkler, lauter Ton, und unablässig piepst in der Nähe eine Kohlmeise – das „pip pip pip“ eines besetzten Telefons. Strahlen-Windröschen blühen in großer Zahl in allen Farbschattierungen von Blau über Lila zu Weiß, und überall glänzen die Blüten des Gelbsterns und der schneeweiße Doldige Milchstern. Purpurn und gelb leuchten Iris-Blüten zwischen den hellen Steinen am Berghang. Über einer zarten Nelke gaukelt ein blauer Schmetterling, und viele andere Schmetterlinge, Perlmutterfalter, Kleine Feuerfalter, zwei Arten von Zitronenfaltern und verschiedene Weißlinge tanzen über den Felsen. Wie ist es möglich, daß immer noch tiefer Schnee liegt auf dem Parnaß, wenn gleichzeitig die Sonne so brennt und der Vordergrund voller Leben und kräftiger Farben ist?

Unfaßbar, daß nur ein paar Kilometer weiter, gleich hinter der Ebene, eine andere Welt mit Touristenbussen und Fremdenführern liegt – und Delphi.

Oben: Eine Griechische Landschildkröte (Testudo hermanni) hat sich aus ihrer Deckung hervorgewagt.

Unten: Ein Steinadlerpaar an seinem Horst, in dem ein einziger Jungvogel sitzt. Steinadler werden in Griechenland von den Schafhirten verfolgt.

Hier laben sich zwei Brombeerzipfelfalter (Callophrys rubi) und ein Blauschwarzer Eisvogel (Limenitis reducta) am kühlen Naß eines Baches.

Euböa und Pilion

Tag für Tag geht die Sonne während der langen Sommermonate am östlichen Horizont auf, zieht in einem langsamen Bogen hoch über die Himmelskuppel und versinkt tief am Westhorizont. Ob die Tage sengend heiß oder kühler sind, ob der Wind einmal heftiger und aus den verschiedensten Himmelsrichtungen bläst, ob sich ein paar Wölkchen vor die Sonne schieben oder ob es sogar gelegentlich stürmische Tage und solche mit Regenschauern gibt – die Sonne in ihrem Lauf über den Himmel ist immer präsent. Sie gibt den Tagen einen verläßlichen und sichtbaren Rhythmus, und die Menschen auf dem Land leben in einer engen Beziehung zu ihr. Es wäre interessant, festzustellen, wie sehr die Lage eines Dorfes das Wesen seiner Bewohner beeinflußt. Haben Leute, die an Hängen wohnen, die von der Morgensonne beschienen werden, eine optimistischere Lebenshaltung? Sind sie tatkräftiger als jene, die an Westhängen leben, die erst später von der Sonne erreicht werden? Bewirkt der täglich wiederkehrende Anblick der sinkenden Sonne – speziell der im Meer versinkenden - eine melancholische Gemütsverfassung; fördert er eher den Hang zum Vergangenen als einen Zukunftsoptimismus? Und wenn Menschen diesbezüglich wählen können, spiegelt sich dann in ihrer Wahl ihre Gemütsart wider?

Nikos wählte eine Landzunge an der Ostküste Euböas. Heute würde vielleicht sogar der Mann jener Witwe aus Delphi zugeben, daß dies, und nicht Delphi, der schönste Platz auf Erden sei. Wir befinden uns in der zweiten Aprilwoche. Die Sonne brennt, und das Meer liegt glatt wie ein Spiegel da. Hin und wieder weht eine feine, kaum wahrnehmbare Brise, und nur der Gesang der Vögel ist zu hören. Das Zelt steht geschützt auf einem Sattel zwischen zwei Hügeln, die mit Mastixsträuchern, Pinien, Baumheide, Oliven- und Judasbäumen, Myrte, Erdbeerbäumen und Seidelbast bewachsen sind. Zum Meer hin fällt das zerklüftete Gelände steil ab. An beiden Seiten ist dieser privaten Halbinsel in einem Bogen ein beigefarbener Sandstrand vorgelagert.

Jorgos, ein Hirte, kommt aus einem hochgelegenen Dorf mit seiner Ziegenherde zwischen den Pinien herunter. Die Tiere sind schwarz, manche mit einem Anflug rötlichen Brauns. Während er sich mit Nikos unterhält, legen sie sich in den Sand, strecken und wälzen sich wie Hunde, und einige kosten das Meer. Am Ende des Strandes gibt es Süßwasser. Ein kleiner Fluß, zu dem etwas weiter unten am Hang eine klare Quelle stößt, an der mehrere Brombeerzipfelfalter trinken und wir unsere Flaschen füllen, rauscht in seinem platanengesäumten Flußbett.

In der Nacht kommen die Steinmarder aus ihren Tagesverstecken in den Berghängen und gehen auf Jagd. Nikos erzählt, er habe einmal einen Marder mit buschigem Schwanz gesehen, der den Strand überquerte und ein Bad nahm. Als er die ganze Länge der Bucht durchschwommen hatte und klitschnaß wieder herauskam, war er nur noch halb so groß.

Es gibt aber auch Geschichten von langen Rechtsstreitigkeiten und von Dorfbewohnern mit Gewehren. Während Peter auf Motivsuche geht, stößt er immer wie-

An der Ostküste Euböas fallen pinienbestandene Hänge steil bis zum Meer ab. Zwischen den weißen Felsen blühen im Frühling Baumheide (Erica arborea), Sternhaarige Zistrose, Judasbaum und Terpentin-Pistazie.

Ein Trupp Nebelkrähen belästigt einen Graureiher.

der auf Dinge aus dem Haus, die vermißt wurden: ungeöffnete, aber zertrümmerte Konservendosen, Zuckerwürfel, einen verrosteten Kocher. Die Schönheit der Szenerie macht nicht ganz vergessen, daß im Dorf eine unterschwellige feindselige Stimmung herrscht. Hatte Nikos das Recht, das Land einzuzäunen? Gehörte dem Mann, der Nikos das Land verkaufte, das gesamte jetzt eingefriedete Grundstück? Aber in dem Rechtsstreit über Eigentum und Grenzlinien kamen eigentlich nur andere, weniger greifbare Emotionen an die Oberfläche. Die Straße von Chalkis, der Hauptstadt der Insel, erreicht erst seit kurzem die Dörfer oberhalb dieses Teils der Ostküste. Vorher bestand der einzige Kontakt der Dorfbewohner mit der Außenwelt über gelegentlich anlegende Boote, oder sie mußten einen langen Überlandritt auf dem Maultier oder Esel in Kauf nehmen. Kleine Orte wie diese, in deren Vergangenheit die Piraterie eine Rolle spielte und wo es Inzucht gibt, leiden unter dem Zivilisationsschock. Jeder Zuwanderer, ob Grieche oder Ausländer, übernimmt zusammen mit seinem Landbesitz festgefügte soziale Bedingungen, die ihm oft fremd sind. Im ersten Begeisterungsrausch darüber, Besitzer dieser paradiesischen Landzunge in meilenweiter Einsamkeit zu sein, tauchten Nikos und Polly nackt in die blauen Wellen der verlassenen Bucht. So sensible und bewußte Menschen die Auswärtigen auch sein mögen – wer hätte gedacht, daß in dieser unbewohnten Landschaft ein Augenpaar das Ganze beobachtete? Daraufhin galten sie nicht mehr nur als reiche Athener, die immer Urlaub machten und nicht wußten, was ein harter Arbeitstag ist, sondern, noch weitaus schlimmer, als unmoralisch und sittengefährdend. Der Rechtsstreit ging weiter.

Als die langen Schatten der Hügel über den Sand fallen, kommt ein Graureiher quer über die Bucht geflogen, gefolgt von einigen kämpferischen Nebelkrähen, die ihr Territorium verteidigen.

Euböa, die größte griechische Insel nach Kreta, liegt dicht vor der östlichen Küste des Festlandes und erstreckt sich annähernd parallel zu dieser von Nordwesten nach Südosten. Ihr Nordwestende ist von der Festlandspitze des Berges Othrys nur durch einen schmalen Wasserstreifen getrennt, und da die südliche Spitze der Pilion-Halbinsel weit nach Südwesten vorspringt, wird aus dem Golf von Volos fast ein Binnensee.

Im Halbschatten unter einer Platane hat sich eine Westliche Sandboa (Eryx jaculus) aufgerollt. Sie lebt von Mäusen und anderen Kleinsäugern.

Eine Autofahrt rund um das Piliongebirge erinnert an eine Fahrt mit der Achterbahn. Gewundene Straßen führen von einer landschaftlichen Schönheit zur anderen: von üppig gedeihenden Obstgärten zu erikabestandenen Hügeln, von Dörfern am Golf zu hochgelegenen, weit über die windgepeitschte Ägäis schauenden Ortschaften. Adlerfarn überzieht das Land wie grobgewebtes Tuch, und die blauen Blüten der Wegwarte erinnern an auf die Erde gefallene Himmelssplitter. Die wächsern-weißen Blüten der Clematisreben ranken sich über reifende Brombeerhecken, Thymian blüht blaßlila, und die Sternhaarige Zistrose trägt bereits lilagraue Samenkapseln. Nach dem Gewitter der letzten Nacht ist die Luft vom berauschenden Duft der Kräuter aus den Bergen erfüllt. Da und dort fliegt ein Wiedehopf von einer ausladenden Pinie zur anderen.

Diese Disteln und Wicken auf einer hochgelegenen Wiese im Piliongebirge haben zahlreiche Insekten angelockt. Oben saugt ein Taubenschwänzchen (Macroglossum stellatarum) Nektar, darunter ist eine Hornisse (Vespa crabro) zu sehen, und ganz links lauert eine Raubfliege (Machimus atricapillus) auf Beute. Im Vordergrund sitzt eine andere Wespe (Eumenes spec.).

Von Siki, wo die wenigen Reisenden, die hierherkommen, mit größtem Staunen betrachtet werden, gelangt man über schroffe Abhänge zu zwei Kiesstränden, von denen der entlegenere jenseits einer schmalen, grünen Schlucht liegt. Obwohl wir uns mitten im August befinden, sind die beiden Strände menschenleer. Die Urlauber zieht es mehr an den nordöstlichen Teil der Pilion-Halbinsel. Was für eine Wohltat, aus den verschmutzten Städten und ausgedörrten Landstrichen hierherzukommen. Quadratische Steinhäuser mit Dächern aus einander überlappenden Schieferplatten stehen in schwindelerregender Höhe auf Felssimsen. Die Luft ist frisch und klar. Tief unten brandet das glitzernde Meer in versteckte Buchten.

In einem Garten mäht ein Mann das hohe Gras. Am Straßenrand sind Obstkisten und Kastanienholz aufgeschichtet. Man hat hier das Gefühl, es gebe einen Überfluß an allem, was die Natur bietet. Die Halbinsel verfügt nicht nur über genügend Schatten und Wasser, sie liefert auch Früchte, Nüsse, Holz und Rosenöl.

Seltenere Blumen der Wälder und Berge

Jeder Naturfreund sollte sich an die Grundregel halten, niemals unbekannte wildwachsende Pflanzen zu pflücken, vor allem dann nicht, wenn es sich um Kostbarkeiten wie diese handelt.

Die Burg von Platamona und der Olymp

Das Massiv des Olymps bildet das östliche Ende der Gebirgsbarriere, die sich quer durch das griechische Festland erstreckt. Die einzige bequeme Möglichkeit, vom Norden in den Süden zu gelangen, ist der schmale Streifen Flachland zwischen den Hängen seiner Ausläufer und dem Meer. Hier blickt die Burg von Platamona, die im frühen 13. Jahrhundert von Kreuzfahrern errichtet wurde, über den Thermäischen Golf, die Seestraße nach Saloniki und bewacht den Weg nach dem Süden.

An diesem Ostertag grasen Maultiere auf der gänseblümchenübersäten Wiese unterhalb der Burgmauern. Eine Nachtigall schlägt im Dickicht. Durch die jungen rötlichen Blätter der Granatapfelbäume scheint die Sonne, und die Kermeseichen sind überstäubt von weichen Blütenständen. Die Farben der frischgeschlüpften Schmetterlinge – Waldbrettspiele und Kleine Füchse – heben sich lebhaft von den Blumen ab, den roten Anemonen, orangenen Ringelblumen und blauen Ochsenzungen. Aus den ockerfarbenen Mauern brechen Polster goldenen Steinkrauts hervor. Einsam und erhaben ragt im Hintergrund die schneebedeckte Kuppe des Olymp auf.

Sein Massiv ist das höchste aller griechischen Berge. Der höchste Gipfel ist die Mitikas, die 2917 Meter über dem Meer liegt.

Der Olymp ist dem Himmel in der Tat am nächsten. Nirgendwo anders hätte es einen passenderen Wohnort für die wilde, unberechenbare und furchteinflößende Familie der griechischen Götter geben können. Die Landschaft ist eigens für sie gebaut. Rund um einen 450 Meter tiefen Abgrund gruppieren sich in einem Halbkreis vier Gipfel. Einer von ihnen, der an einen Lehnstuhl erinnert, heißt „Zeusthron", und der Abgrund wird „Kesselschlucht" genannt. Man sieht förmlich, wie Zeus, hingerekelt in seinen Armsessel, irgendeinen dreisten Sterblichen, der sich zu weit vorgewagt hat, mit dem Fuß in die Tiefen des nebelgefüllten Kessels stupst.

An einem Augusttag sitzt Peter an einem Fluß, der in Kaskaden über riesige Felsblöcke stürzt, und malt. Die graugeäderten, rosabeigen Felsen ragen zwischen Pinien, Buchen und Tannen bis in die Wolken, die feucht und schwer über den Höhen lasten. Am Rand einer beckenförmigen Ausschwemmung kauert ein brauner gesprenkelter Frosch. Flußabwärts kocht ein Ziegenhirte über einem offenen Feuer Milch. Käse hängt in Geschirren von den Zweigen. Die Glöckchen der Ziegen, die über die baumbestandenen Hänge wandern, bimmeln, und über dem Fluß singen Waldlaubsänger. Im Umkreis blühen Alpenveilchen und Walderdbeeren, gelbes Johanniskraut, Buchs, eine Fülle von Gräsern und rosafarbener Storchschnabel.

Der Olymp ist eine Welt für sich. Ein ganzes Buch ist allein über seine Blumen geschrieben worden. Viele von ihnen, wie *Jankaea heldreichii*, sind endemische Pflanzen, d. h. sie kommen nur hier vor. *Jankaea* ähnelt ein wenig einer Primel, wie sie da am Fuß einer Buche nahe am Fluß aus einer dem Boden anliegenden Blätterrosette hervorwächst, aber ihre Blüten sind rosig-lavendelfarben und glockenförmig. Hoch oben kreisen einige Bartgeier. Es heißt, einer von ihnen besuche regelmäßig eine Schutzhütte, deren Hüttenwart ihn mit Speiseresten versorge.

Dieser Griechische Frosch (Rana graeca), den wir an einem Bergbach am Olymp fanden, ist dank seiner Tarnfarbe nicht leicht zu sehen.

An heißen Augusttagen verschwindet der Gipfel des Olymp manchmal hinter Wolken.

Ein Grauortolan unterhalb der Burg von Platamona; im Hintergrund der Olymp.

Durch das Tempetal und die Ebenen

Würger sind Ansitzjäger. Meist sieht man sie einzeln auf Telegrafendrähten sitzen, von wo sie Insekten oder Kleinsäuger jagen. In Griechenland leben der Schwarzstirnwürger (links), der Rotkopfwürger (Mitte) und der Neuntöter (rechts; der Vogel mit der quergestreiften Brust ist ein Jungvogel).

Unterhalb des Olymps führt der Weg südwärts durch eine lange Talenge, das Tempetal. Am Fuße rötlicher und grauer Felsen windet sich ein Fluß ostwärts zum Meer, der Peneios, der im Westen des Pindosgebirges entspringt und die ausgedehnte Thessalische Ebene durchfließt, bis er an die von Olymp und Ossa gebildete Gebirgsbarriere stößt. Im Quartär entstand hier ein Durchbruch, und das Wasser, das bis dahin den See von Larissa gefüllt hatte, konnte sich plötzlich einen Weg zum Meer bahnen. Das Quartär, die Periode der Eiszeiten, begann vor etwa zwei Millionen Jahren und dauerte bis zum Auftauchen des Menschen, und es ist ein faszinierender Gedanke, daß diese gigantische geologische Umwälzung von Augenzeugen miterlebt worden sein könnte. Der Geschichtsschreiber Herodot berichtet im 5. Jahrhundert vor Christi, daß das Volk von Thessalien glaubte, der Meeresgott Poseidon habe dem Fluß den Weg gebahnt. Sobald der Mensch die Kunst der Kommunikation beherrschte, wurden Sagen und Geschichten von Generation zu Generation weitergegeben. Wie diese Legende von der Entstehung des Tempetals haben vielleicht alle alten Sagen ihren Ursprung in einer wirklichen Begebenheit.

Das Tempetal ist voller Legenden. So soll sich beispielsweise Apollon hier im Fluß gewaschen haben, nachdem er die Schlange Python getötet hatte, und dann einen Lorbeerzweig geschnitten haben, den er in seinem Heiligtum in Delphi bei der kastalischen Quelle in die Erde steckte. Noch heute wächst an den Ufern des Flusses tatsächlich Lorbeer neben Platanen und Weiden.

Südlich des Tempetales erhebt sich der Berg Ossa, zwischen dessen Ausläufern und dem Meer sich eine fruchtbare Ebene mit Feldern und Gärten erstreckt. Diese beige- und ockerfarbene Landschaft bietet unzähligen Vögeln Nahrung in Hülle und Fülle. Nicht weniger als neun Rötelfalken, die in kurzen Abständen auffliegen und beim Landen zwei-, dreimal mit dem gefächerten Schwanz wippen, halten sich auf dem Querbalken eines einzigen Telegraphenmasten auf. Die Sonne glänzt auf ihrer gelbbraunen gefleckten Brust. Sie sind so träge und wachsam wie Katzen. Einer hält in seinem Fang einen rosigen Fleischfetzen, aus dem er mit seinem gekrümmten Schnabel einzelne Stücke reißt. Stieglitze picken an den violetten Distelköpfen. Blauracken, Bienenfresser und Würger – hier gibt es drei Arten, den Schwarzstirnwürger, den Neuntöter und den Rotkopfwürger – fliegen über den flaumigen Rispen des Schilfs, das am Rand der Felder wächst, geschäftig hin und her. Auf den Feldern stochern Weißstörche wählerisch in der frisch gepflügten Erde.

Dächer und Telegrafenmasten werden gern vom Weißstorch zur Anlage seines Nestes benutzt.

Ebenen wie diese und die große Thessalische Ebene, die auf den ersten Blick flach und nichtssagend wirken, sind erfüllt von Leben, sind Wohnraum vieler Tiere, die durch die landwirtschaftliche Entwicklung eher gefördert worden sind. Früher führten Hirtenjungen große Scharen von Puten auf die steinigen, gestrüppreichen Hänge jenseits der Ebene. Heute haben Bewässerung und Landwirtschaftsmaschinen die Landschaft verändert. Die fruchtbare, rote Erde wurde von Felsen und Steinen gesäubert und Getreide angebaut. Die zahlreichen Robinien, die entlang der neu angelegten Straßen gepflanzt wurden, sind inzwischen groß genug, daß Vögel darin nisten können. Freistehende Sperlingnester ähneln den Nestern der tropischen Webervögel: Es sind kleine, tunnelartige Gebilde, die an den Ästen aufgehängt werden. Auch Haubenlerchen, Mauersegler und Schwalben werden von Straßen angezogen. In den durch den Autoverkehr erzeugten warmen Luftströmungen gibt es besonders viele Insekten. Elstern, die ihre Nester ebenfalls entlang der Straße bauen, sind Aasfresser und ernähren sich von Abfällen und den Kadavern überfahrener Kaninchen, Schildkröten und Hasen. In manchen Teilen der Thessalischen Ebene leben an den Flüssen, sofern ihnen Weiden und Unterholz genügend Schutz bieten, noch Otter. Selbst Bewässerungsgräben sind für Otter geeignete Lebensräume, solange der Saum aus Schilf und sonstiger Vegetation nicht zu häufig geschnitten oder, was schlimmer ist, chemisch behandelt wird. Griechenland ist das einzige Land Europas, wo es dem Otter noch verhältnismäßig gutgeht. Es ist die Schuld des Menschen, daß die Zahl dieser Wassermarder überall sonst beträchtlich zurückgegangen ist. Im blinden Eifer, immer mehr und besser zu produzieren, hat man die Flüsse mit Kunstdünger, Unkrautvertilger und Abwasser verunreinigt und die Flußufer von Bäumen und Unterholz gesäubert. In den hochindustrialisierten Ländern ist der Otter äußerst selten geworden. In Italien ist er nahezu ausgestorben. Es wäre wünschenswert, daß diejenigen, in deren Händen die Landschaftsplanung in Griechenland liegt, sich die Erfahrungen anderer Länder zunutze machen könnten und einsähen, daß es einen Punkt gibt, über den hinaus Fortschritt zum Rückschritt wird und Verbesserung zu Verschlechterung führt. In vielem nähert sich Griechenland heute diesem Punkt, und wahrer Fortschritt wäre hier die Erkenntnis, daß eine Kulturlandschaft, in der sich die Natur noch entfalten kann, letztlich auch dem Menschen zuträglich ist.

Die landwirtschaftlich genutzten Ebenen Griechenlands sind das Jagdrevier des Rötelfalken. Hier haben sich fünf Männchen und vier Weibchen auf einem Telegrafenmasten eingefunden. Rötelfalkenmännchen sind oberseits rötlichbraun gezeichnet, das Weibchen weist jedoch eine Tropfenfleckung auf und ähnelt daher dem Turmfalken.

Auf einer Bergwiese oberhalb des Dorfes Sturnareika saugen ein Männchen des Perlmutterfalters Pandoriana pandora und ein Männchen des Kaisermantels (Argynnis paphia) gemeinsam Nektar an Distelblüten. In der Mitte wächst eine prachtvolle Armleuchter-Kratzdistel (Cirsium candelabrum).

Wenn die Hirten von einer „saita" erzählen, meinen sie damit meist die Schlanknatter (Coluber najadum). Sie ist ungiftig, doch wenn man ihr zu nahe kommt, muß man damit rechnen, gebissen zu werden.

Pili

Wo sich der Portaikos in die ausgedehnte Thessalische Ebene ergießt, und bevor er sich mit dem Pinios vereinigt und durch das Tempetal ins Meer fließt, befindet sich am Fuß der südlichen Bergkette des Pindos die Stadt Pili. Im 16. Jahrhundert ließ der Abt eines benachbarten Klosters, der heilige Vessarion, eine Brücke über den Fluß bauen, einen hohen, luftigen Steinbogen auf zwei Stützpfeilern, mit gepflasterten Stufen, die gerade breit genug für einen Mann auf einem Maultier sind. Das Flußbett ist trocken und weiß, nur hin und wieder gibt es Wasserlachen, an denen kleine Buben fischen. Da und dort wippen Gebirgsstelzen, und auf Kieselsteinen rasten Kaisermantel-Schmetterlinge. An den Ufern wachsen große Platanen, die an den höhergelegenen Hängen Tannen Platz machen, dunkelgrünen Farbklecksen, die die steilen Wände der Schlucht hinaufklettern und mühsam auf dem felsigen Boden Halt suchen. Hoch über den zackigen Felsen schweben Mäusebussarde. In dieser byzantinischen Landschaft fällt es leicht, sich mittelalterliche Reisende in wallenden, prächtig dunklen Kleidern vorzustellen, wie sie über die Brücke reiten und durch den schmalen Paß verschwinden. Fast glaubt man, das Getrappel der Pferdehufe auf den Pflastersteinen zu hören.

Die Straße folgt dem Lauf des Flusses durch den Engpaß und windet sich dann in die Berge hinauf. Acht Esel und Maultiere haben Holz aus höhergelegenen Regionen heruntergeschafft, das am Straßenrand aufgeschichtet auf die Lastautos wartet, die es zur Papierfabrik transportieren. Die Wiesen stehen voller Wegwarten, gelber und rosa Wicken, Minze, Blutweiderich, weißblühendem Dost, Weiden und Pappeln; weiter oben stocken Buchen, Kastanien und Platanen; und noch höher folgt die Nadelwaldzone. Die Bäume dort neigen sich zum Hang, als würden sie auf dem steilen Gelände ihre Zehen in den Boden krallen, um das unausweichliche Abrutschen ins Tal zu vermeiden. Auch gegenüber ragen tannenbestandene Felsen über dem Abgrund auf. Die schlanken Tannen scheinen unablässig nach oben, zum Himmel, zu streben, als wollten sie einen Wettlauf gewinnen. Die Bäume, die in den unteren Hanglagen schwarz und dicht stehen, haben es immer schwerer, je weiter oben sie wachsen. Die Gipfel selbst sind baumlos und trotzen den Anstrengungen der Bäume, in ihre Einsamkeit einzubrechen.

Peter zeichnet den unwegsamsten von allen, einen kantig geschnittenen Berg, der Tsuka heißt und wie von einem scharfen Beil gespalten aussieht. Schmale Wechsel, wahrscheinlich von Gemsen, überziehen seine Höhen, wo sich schütteres Gras an Geröll klammert. Zwischen Adlerfarn, purpurroten Disteln, weißem Dost und rosa

Nelken entfalten Schmetterlinge sekundenlang ihre Farbenpracht, und zwischen den Tannen beobachten wir Felsenkleiber. Ein Hirtenbub hat zwei Esel und zwei Maultiere auf das karge Gras einer Wiese zum Weiden heraufgetrieben. Er ist von einem der versteckt liegenden Dörfer in dem abgelegenen Tal unter uns heraufgeklettert. Als fünftes von sieben Kindern ist er den Großteil des Jahres über in Trikala in der Schule, aber drei Sommermonate verbringt er zu Hause, um seiner Familie mit den zweihundert Schafen und Ziegen zu helfen. Die Tiere müssen die ganze Zeit beaufsichtigt werden, denn hier gibt es noch Wölfe. Er erzählt von Hasen, Adlern, Schlangen - er erwähnt die *Saita*, die „blinde" Schlange, gemeint ist wahrscheinlich die Schlanknatter, und andere Arten. In der festen Überzeugung, daß sie alle giftig seien, tötet er jede Schlange, die er zu sehen bekommt. Rehe gebe es hier kaum noch, sagt er, weil das Gebiet zu stark bejagt worden sei. Jetzt schützt man sie in einem abgezäunten Gebiet in den Bergen hinter Pili. Die Jagd dort wird kontrolliert. Ein Jagdschein auf Rehe kostet 2000 Drachmen, auf Fasane etwa 500. Es gibt auch noch Bären. Einer kam vor ein, zwei Monaten in ein nahes Dorf, um sich dort nach etwas Eßbarem umzusehen.

Lastwagen schaffen unaufhörlich Holz aus den Bergen herunter und donnern durch den Engpaß, daß sich Vessarions Bogenbrücke zwergenhaft dagegen ausnimmt. Die kleinen Buben, vom Fischen enttäuscht, werfen jetzt Stöcke und Steine

Die Nase (Chondrostoma nasus), eine charakteristische Fischart der Bergbäche.

Eine anmutig geschwungene byzantinische Brücke überspannt den Portaikos bei Pili.

in die Wasserlachen unterhalb des Dammes. Weiter abwärts beobachtet ein Eisvogel von einem Stein aus Fische in einem tiefen, isolierten Becken. Ganz in der Nähe steht ein quadratischer großer, weißer Bau. Riesige Buchstaben zeigen seine Funktion bis in die ferne Stadt an: Landtaverne. Der weiße Kubus überschattet und erdrückt die prächtige byzantinische Kirche von Porta Panagia, die daneben steht. Hinter dem Restaurant läuft im Zickzack ein hoher Maschendrahtzaun über die Felshänge, der die Rehe und Fasane abschirmen soll, damit sie gegen hohe Jagdgebühren geschossen werden können.

Am Abend essen und trinken die Leute aus der Stadt hier, schlendern umher und schauen anderen Leuten beim Essen und Trinken zu. Sie unterhalten sich über den Dieb, der letzte Nacht im Hotel eingebrochen ist und eine Videoausrüstung im Wert von 8000 Drachmen gestohlen hat. Als wir so die abendliche Menge betrachten, überkommt uns, ausgelöst durch die kontrastierenden Eindrücke des Tages, Wehmut: Da ist die über der Kirche dräuende Landtaverne; da waren die Buben, die nach dem Fischen mit Angel und Leine schreiend zu Stöcken und Steinen griffen; da sind die aus kommerziellen Gründen abgeschirmten Rehe und Fasane; da ist das Flußbett, das infolge einer Umleitung seines Wassers ausgetrocknet ist; da ist das pausenlose Kommen und Gehen der Holztransporter. Diese Eindrücke sind nichts anderes als Facetten des ganz normalen wirtschaftlichen Fortschritts, in dessen Namen immer effektiver und immer schneller der größtmögliche Nutzen aus der Natur gezogen wird. Aber wie bei den Tannen, den Schmetterlingen und dem Wild, und wie bei den Menschen, die hier zur Zeit Vessarions lebten, besteht auch unser einziger Lebenszweck darin, zu wachsen, uns fortzupflanzen und zu sterben. Der Unterschied ist, daß wir dies heute schneller tun und eine weit größere Zerstörung bewirken. Indem wir die Natur unserem Nutzdenken unterwerfen, zerstören wir sie, ohne zu bedenken, daß wir selbst nur ein Teil von ihr sind.

Im Garten der Kirche Porta Panagia in Pili, die im Jahre 1283 im byzantinischen Stil errichtet wurde, wachsen prachtvolle Säulenzypressen.

Es gibt in Pili nichts Schönes außer der byzantinischen Kirche und der byzantinischen Brücke. Die Menschen, die hier wohnen, sind weniger als ihre Vorfahren einem gewaltsamen Tod oder Krankheit ausgeliefert, sie haben ein körperlich weniger anstrengendes Dasein. Doch im 16. Jahrhundert bauten sie eine schöne Brücke, im 20. eine häßliche. Im 13. Jahrhundert errichteten sie eine harmonisch proportionierte, freskengeschmückte Kirche, im 20. ein sie verdüsterndes, die Umgebung mißachtendes und störendes Speiselokal.

Pili ist eine höchst unschuldige, rückständige Stadt an der Peripherie des 20. Jahrhunderts, aber gerade weil sie nur gestreift wird von der modernen Entwicklung, ist es hier leichter als in Frankfurt oder Sheffield, zu erkennen, was wir mit unserer Handlungsweise im Grunde anrichten.

Gemsen sind in Griechenland selten geworden, doch mitunter begegnet man ihnen noch in abgelegenen bergigen Gebieten.

Meteora

Nur die fernen Konturen der Berge, die die Thessalische Ebene säumen, erinnern daran, daß Griechenland nicht ein einziges großes Flachland ist, auf dem Getreide angebaut wird. Nach den steilen Bergen des südlichen Pindos mit seinen versteckten Tälern und gewundenen Pfaden verschwimmt die Weite der Ebene förmlich vor den Augen. Unabsehbar erstreckt sich die Landschaft in die Ferne, gelbbraun, flach, unbewohnt und geordnet, ohne ein Anzeichen für die Überraschung, die sie dann bereithält. Man glaubt beim plötzlichen Anblick der großen, einzeln aufragenden Felsen, die wie irrtümlich hier gewachsene Stalagmiten aus dem Boden ragen, an eine durch Übermüdung hervorgerufene Einbildung. Das ist Meteora.

Bei stürmischem Wetter im Herbst und im Winter stoßen die Felsen bis an die tiefhängenden Wolken; die an den höchsten Punkten errichteten Klöster verschwinden dann in den Wolken oder tauchen über ihnen auf, abgetrennt von der Welt unten, wie ein Hinweis auf die Lebensweise der Mönche.

Zur Zeit ihrer Gründung im 14. und 15. Jahrhundert gab es nicht weniger als 13 Klöster und etwa 20 kleinere Gemeinschaften, jede isoliert und hoch oben auf einem eigenen Felsen. Mit ihren graubraunen Mauern wirkten sie wie eine Fortsetzung der moosigen, senkrechten Steilwände. Nur erwünschte Besucher konnten das eigentliche Klostergelände betreten. Der Zutritt hing von der Bereitschaft der Mönche ab, eine Leiter hinunterzulassen, die an die 50 Meter lang sein mußte, oder mittels eines Seiles oder einer Winde eine Schlinge beziehungsweise einen Korb herunterzulassen. Erst in unserem Jahrhundert wurden Stufen in den Stein gehauen. Heute ermöglicht es eine Straße endlosen Strömen von Besuchern in Bussen und Autos, so nahe an die Felsen heranzufahren, daß es wie ein Sakrileg anmutete, wäre der Schauplatz nicht so großartig. Denn hier hat der edelste Wille des Menschen sich mit der Natur zu einer Einheit verbunden und die Landschaft in einer Weise geprägt, der auch der Tourismus nichts anhaben kann. Die Kluft bleibt bestehen – zwischen den Bussen und den Felsspitzen, zwischen diesem Leben und jenem. Nur Vögel können die natürliche Barriere mühelos überwinden. Alpensegler, von den Sonnenstrahlen wie von Scheinwerfern getroffen, gleiten wie winzige Punkte über uns hinweg. Mit schweren Flügelschlägen umrunden einige Schmutzgeier die Felsen.

Bei jedem der senkrechten und überhängenden Felsen stellt sich dem Betrachter die gleiche Frage: Wie kam der erste hinauf, um dann ein Seil herunterzulassen? In Meteora jedenfalls war die Geschicklichkeit des Menschen seinem spirituellen Anspruch gewachsen.

Die Klöster von Meteora wurden im 14. und 15. Jahrhundert auf steilen, unzugänglichen Zinnen errichtet. Sie fügen sich in die natürliche Landschaft ein und bilden mit ihr eine harmonische Einheit.

Im ruhigen Wasser des Kerkinisees spiegeln sich die schneebedeckten Gipfel der gleichnamigen Bergkette. Der nahe der bulgarisch-griechischen Grenze gelegene See ist ein Eldorado für Ornithologen.

Nordostgriechenland

Kein anderer Teil Griechenlands, sagt Tsakarides mit Überzeugung, ist so reich an wildlebenden Tieren und naturbelassener Landschaft. Er sitzt auf seinem Balkon mit Blick auf das Nestostal und erzählt von den ausländischen Wissenschaftlern, die kürzlich hier zusammentrafen, um Naturschutzfragen zu diskutieren.

Es ist eine seltsame Gegend. Am Thermäischen Golf, der natürlichen Drehscheibe zwischen Griechenland und seinen Nachbarn auf dem Balkan, liegt Saloniki, die zweitgrößte Stadt des Landes. Die Chalkidike, eine dreigeteilte Halbinsel, in der äußeren Form eine Art Wiederholung der Peloponnes, zieht eine wachsende Schar von Besuchern an. Wie der Teil des Strandes, der möglichst nahe am Parkplatz liegt, ist sie überfüllt von Nordeuropäern, für die die Halbinsel die erste Zugangsmöglichkeit zum griechischen Meer darstellt. Der dritte und östlichste Finger jedoch bleibt davon unberührt. Hier liegt der Berg Athos, der heilige Berg. Er ist eine in sich abgeschlossene Welt der Mönche und Laienbrüder in ihren zwanzig Klöstern. Bis in unsere Tage wurde eine von Konstantin Monomachus im Jahr 1060 erlassene Verordnung strikt eingehalten, nach der „jeglicher Frau, jedem weiblichen Tier, Kind, Eunuchen und bartlosen Jüngling" der Zutritt verwehrt blieb. Heute ist es Hühnern, Sauen und Katzen gestattet, auf Athos zu leben; und sogar bartlose Besucher dürfen hinein, vorausgesetzt, sie haben eine Sondererlaubnis und sind männlichen Geschlechts. Hier wurde tausend Jahre lang Gott gehuldigt und die Natur geleugnet. Über die Fortpflanzung der freilebenden Tiere hatte die Mönchsgemeinde glücklicherweise keine Kontrolle. Athos ist heute vermutlich ebenso dicht bewaldet und erfüllt von Vogelgesang wie zu jener Zeit, als der erste Mönch von diesem Land Besitz ergriff.

Im Osten der Chalkidike erstreckt sich Griechenland noch einmal etwa 250 Kilometer bis zur türkischen Grenze. Wie ein schmaler Gehsteig liegt das Land zwischen langgestreckten Bergketten und der Küste. Diese wogende Fläche von Weizen- und Tabakfeldern und Pappelpflanzungen scheint wenig mehr zu sein als ein Korridor für Reisende von West nach Ost. Es ist aber auch ein wichtiges Durchzugsgebiet für Tiere; Tausende von Wasservögeln rasten hier auf ihrem Weg von Afrika nach Europa und umgekehrt an den zahlreichen Seen - nirgendwo sonst in Griechenland gibt es für Wasservögel derart attraktive Lebensräume mit Salzmarschen, Seen und Flußmündungen.

Seit jeher war dieser Streifen Land umkämpft, er wurde verteidigt, erobert und besetzt. Das Rodopi-Gebirge im Norden bildet eine natürliche Barriere und ökologische Pufferzone, ein Gebiet von strategischer Wichtigkeit nicht nur für den Menschen, sondern auch für die Natur. Die Berge blieben weitgehend unbesiedelt, und der Wald wurde stellenweise bis heute nie gerodet. Hier befindet sich eins von drei ursprünglichen Waldgebieten, die in Europa noch existieren. In diesen wilden und abgelegenen Randgebieten leben Bären und Wölfe, Wildkatzen, Luchse und seltene Greifvögel, darunter als Besonderheiten Kaiseradler und Seeadler.

So kann es nicht überraschen, daß dieses Gebiet inzwischen zum Schauplatz einer neuen Invasion geworden ist: Wissenschaftler, meist von ausländischen Universitäten, kommen hierher, um Feldstudien zu betreiben, und ein internationales Treffen, bei dem man Probleme des Naturschutzes erörterte, wurde von einem makedonischen Wirtschaftswissenschaftler arrangiert und auf einem Balkon abgehalten, von dem man über das Dorf Stavrupolis weit ins Nestostal schaut.

Im zeitigen Frühjahr, noch ehe sich die Blätter entfalten, verwandeln sich die ausgedehnten Laubwälder zu Füßen des Rodopigebirges in einen Fleckenteppich aus dunklem Purpur mit eingestreuten grünen Farbtönen. Blühende Schlehensträucher setzen hier und da weiße Farbakzente. Über dem Tal kreist ein Seeadler, der auch in Griechenland zu den Besonderheiten gehört.

Die Reiherkolonie von Scholari

Nahe der Ortschaft Scholari stehen zwei mächtige Platanen, deren fein verästelte Silhouetten sich wie japanische Tuschezeichnungen gegen den hellen Himmel abzeichnen. In ihren Zweigen, die jetzt im April noch unbelaubt sind, haben sich Graureiher zur Nachtruhe eingefunden. In diesem Jahr trägt der eine Baum fast 90 Nester, der andere 20.

Die beiden Platanen stehen allein auf einem ebenen Stück Land, auf dem Schafe weiden. Der Boden ist übersät mit Gelbem Affodill und – Abfall, das heißt mit rostigen Blechdosen, Glasflaschen, Plastikflaschen und blauen, rosafarbenen, weißen, grünen und gelben über die trockene Erde verstreuten, an Büschen aufgespießten, vom Wind hergewehten oder weit außerhalb des genehmigten Müllabladeplatzes nachlässig weggeworfenen Plastikfetzen. Ein Mann auf einem hochrädrigen, hölzernen Karren, der von zwei Ochsen gezogen wird und hinter dem zwei Kühe trotten, durchquert langsam die Ebene, rumpelt die Böschung hinunter und auf der anderen Seite hinauf in Richtung Dorf.

Auf einem Seitenweg hält ein Auto, aus dem eine muntere Gruppe von Leuten steigt. Schreiend und einander zuwinkend gehen sie auf die Bäume zu. Die Reiher dürften lärmendes Publikum gewohnt sein, aber diese Gruppe hat es anscheinend darauf abgesehen, die Vögel endgültig zu verjagen. Tatsächlich ist nur ein einziger imstande, sich ruhig zu nähern, um die Vögel zu fotografieren. Es ist ein Architekt, der zu Besuch bei seiner Familie in Scholari ist. Die Dohlen und Spatzen, die gemeinsam mit den jungen Graureihern in den Nestern sitzen, rufen sehr viel lauter als die umstehenden Menschen, was aber die „Hausherren" nicht stört. Auf dem obersten Ast, mit dem Rücken gegen den Wind, sitzt ein Reiher, der mit seinen hochgezogenen Schultern und den über den Kopf gewehten langen Federn aussieht wie ein kühl distanzierter Zuschauer bei irgendeinem langweiligen Spiel. Ein anderer kreist, nach einem Landeplatz Ausschau haltend, um den Baum. Dann streckt er seine langen Beine weit aus und setzt mit einem kurzen Flügelschlag in dem Durcheinander aus Ästen und Nestern, Reihern, Dohlen und Spatzen exakt und gewandt auf dem gewählten Punkt auf. Er faltet seine Flügel zusammen, als schließe er einen Koffer. Wie ein Schattenriß ruht ein dritter Reiher mit anmutig eingezogenem Hals nicht weit entfernt; er unterstreicht noch einmal den Eindruck, dies sei ein japanisches Gemälde.

Der Mann aus dem Dorf erzählt, hier habe noch ein dritter großer Baum gestanden, der aber gefällt worden sei. Die Reiher sind nicht gesetzlich geschützt, „aber wir schießen sie nicht. Sie tun uns nichts." Die Reiher sind in Sicherheit, solange diese beiden Platanen stehen, und wenn sie auch nicht offiziell unter Schutz stehen, so schützt sie doch die weit wirkungsvollere lokale Tradition.

Zwei mächtige Platanen stehen in der fruchtbaren Ebene bei dem Dorf Scholari. Die dortige Graureiherkolonie umfaßt bis zu 200 Nester.

Der Vorfrühling ist die beste Zeit, um das Treiben der Reiher in den zu dieser Zeit noch kahlen Bäumen zu beobachten. Dohlen und Sperlinge nisten als Untermieter in den äußeren Zweigen der Reiherhorste.

Koroniasee und Volvisee

Die Reiherkolonie liegt genau zwischen zwei Seen, dem Koronia- und dem Volvisee. Hierher kommen die Reiher zum Fischen. Bläßhühner rufen im strohgelben, vertrockneten Schilf, das die Ufer in einem dichten Gürtel säumt. Schwarzkopfmöwen kreisen über dem blauen Wasser, in dem unzählige Haubentaucherpaare in ihrem prachtvollen Brutkleid ihr kunstvolles Balzritual vorführen. Nur wenige Taucher schwimmen einzeln, die weitaus meisten haben sich zu Paaren zusammengefunden, die einander mit bogenförmig gekrümmtem Hals gegenüberstehen. Der See sieht aus wie ein hundertfach mit der Zahl „2" und ihrem jeweiligen Spiegelbild übersätes Blatt blauen Papieres.

Die Haubentaucher sind mit ihren Balzritualen so beschäftigt, daß sie alles andere außer acht lassen. Sie haben ihre kragenähnlichen Hauben aufgestellt und den Hals vorgestreckt und schwimmen so aufeinander zu. Treffen sie zusammen, tauchen sie ihren Hals mehrmals abwechselnd ins Wasser und recken ihn wieder, plustern ihre Federn auf und schütteln ihre Hauben. Dann schwimmen sie einen kleinen Kreis und wiederholen dieses Spiel. Manchmal halten sie, ohne ihren Rhythmus verändert zu haben, beim Auftauchen ein paar Sprosse von Wasserpflanzen im Schnabel. Indem sie wie rasend im Wasser nach unten treten, schaffen sie es, fast senkrecht im Wasser zu stehen und schütteln, Schnabel an Schnabel, ihre triefenden Pflanzen-Schnurrbärte. Zu diesem Zeitpunkt ist das Pflanzenmaterial nur ein Symbol, das für die Absicht steht. Später, wenn das Paar Hochzeit feiert, wird das Nest, das es im seichten Wasser baut, aus eben diesen Wasserpflanzen bestehen.

Was den Balztanz der Haubentaucher so ungewöhnlich macht, ist die Tatsache, daß beide, Männchen und Weibchen, ihn synchron ausführen. Nicht nur das Männchen trägt das farbenprächtige Hochzeitskleid – das Weibchen sieht genauso aus. Es gibt keinen Verfolger und keine Verfolgte, keinen Werber und keine Umworbene. Für einen Zuschauer ist nicht erkennbar, welcher Vogel welches Geschlecht hat. Vielleicht entstehen die gelegentlichen Unterbrechungen des Tanzes durch diesbezügliche Verwechselungen – daß zwei Haubentaucher mitten in der Balz erkennen, daß sie sich keine gemeinsame Zukunft ertanzen, weil sie das gleiche Geschlecht haben. Das wäre einmal eine Aufgabe für eine Studiengruppe: herauszufinden, wie ein Haubentaucher sich über das Geschlecht seines Balzpartners orientiert.

Der Braunsichler (Plegadis falcinellus) ist im Flug mit seinem dunklen, glänzenden Gefieder und dem namengebenden Schnabel unverkennbar. Auch der Krauskopfpelikan (Pelecanus crispus) ist am Kerkinisee regelmäßig zu beobachten.

Die Seen im Nordosten des Landes beherbergen eine große Haubentaucherpopulation. Besonders interessant ist das komplizierte Balzverhalten dieser Vögel.

Der Kerkinisee

Früh am Ostermontag fahren wir auf der Straße an stillen, verschlossenen Dorfhäusern vorbei durch eine fruchtbare Ebene, in der nichts sich regt, zum Kerkinisee. Die glatte Wasserfläche dieses künstlich angelegten Sees spiegelt den mit tiefhängenden weißen Wolken bedeckten Himmel und die taubengrauen Buckel der umliegenden Hügel wider. Im nordöstlichen Teil des Sees bilden Schilfbestände kleine Inseln, und ein einzelner Baum wächst aus seinem Spiegelbild hervor. Die wellige Silhouette der Kerkinikette ist stellenweise von leuchtenden Schneefeldern bedeckt, und inmitten dieser Symphonie aus blassen Farben, dem See, in dem sich Berge und Himmel spiegeln, vor den Bergen und dem Schnee – schimmern die reinweißen Flügel der Seidenreiher. Zwergtaucher schwimmen weiträumig verteilt auf der Wasserfläche. Wie aufgereiht stehen Graureiher und Rallenreiher auf den grauen Steinen am Ufersaum. Seeschwalben stoßen mit schrillen Schreien durch die Luft. Ein Pelikanpaar, die langen Schnäbel mit den orangefarbenen Hauttaschen eingezogen, gleitet langsam, wie zwei ferne pfirsichweiße Boote, vorbei. Gelassen machen sie kehrt und breiten weit ihre Flügel aus, steigen träge vom Wasser auf und fliegen mit schweren Flügelschlägen davon. Möwen hocken auf den kleinen schwarzen Fi-

Neben dem Graureiher begegnet man am Kerkinisee auch dem kleineren Rallenreiher (Ardeola ralloides) und dem Seidenreiher (Egretta garzetta). Der Rallenreiher erscheint im Flug reinweiß, weist aber in Ruhehaltung eine braungelbliche Grundfarbe auf. Charakteristische Kennzeichen des weißen Seidenreihers sind der schwarze Schnabel und die gelben Füße.

Der Ruf des Kuckucks ist weitaus bekannter als seine äußere Erscheinung. Dieser Kuckuck hat sich auf dem vertrockneten vorjährigen Stengel einer Königskerze niedergelassen.

scherbooten. Diese Boote sind aus leichtem Holz gebaut und mit einer Art grobem, in schwarzem Teer getränkten Jutegewebe bezogen.

Aus dem Dickicht und von den Pappeln, die das Ufer unter dem höhergelegenen Weg rund um den See säumen, ertönt der melodische Gesang von Nachtigallen und Grasmücken. Ein Kuckuck rastet ein paar Augenblicke lang auf dem hohen trockenen Stengel einer vorjährigen Königskerze und spreizt seinen spatelförmigen, weiß gesäumten Schwanz. Unter einer halb abgerissenen Tafel, die besagt, daß die Jagd hier verboten ist, liegen leere Patronenhülsen am Boden.

Fünf Hunde kommen uns auf dem Uferweg entgegen. Sie machen hin und wieder Abstecher zum Wasser hinunter, um die Reiher aufzuscheuchen. Die Rallenreiher, deren Ruf sich wie eine Mischung aus Entenschnattern und Froschgequake anhört, sind von schöner golden-gelbbrauner Farbe, und erst wenn sie auffliegen, lassen sie ihre makellos weißen Flügel sehen. Schwanzwedelnd entfernen sich die Hunde auf dem langgezogenen Pfad. Sie befinden sich anscheinend auf einem kleinen Ausflug. Ein Sperber fliegt über den See, in seinen Fängen hält er einen kleinen schwarzen Vogel, und hinterdrein folgt ein Braunsichler mit krummsäbeligem Schnabel, der sich gegen den Himmel deutlich abzeichnet.

Der Kerkinisee entstand vor einigen Jahren, als der Fluß Strymon, der am Fuße der Bergkette fließt, aufgestaut wurde, und er ist mittlerweile zu einem der reichhaltigsten Wasservogel-Lebensräume Griechenlands geworden. Die Straßen und Wege am Ufer erlauben es dem Besucher, die Vögel zu beobachten, ohne daß man ein Boot braucht. Außer den Reihern, die am Rand des Gewässers fast wie Wächter stehen, gibt es Teichhühner, Bläßhühner, alle möglichen Entenarten, Kormorane und verschiedene Seeschwalben, Höckerschwäne, Haubentaucher, Zwergtaucher, Rosa- und Krauskopfpelikane.

Eine Szene, wie sie sich dem Beobachter am Kerkinisee vielerorts präsentiert: Rechts im Vordergrund watet ein Seidenreiher, dahinter ein Rallenreiher; links späht eine Rohrweihe im Flug nach Beute aus; im Vordergrund erkennt man ein einzelnes Knäkentenmännchen, dahinter mehrere Spießenten. Zwei Löffelenten fliegen von rechts aus dem Schilf auf, und über dem Wasser kreist ein Schwarzmilan. Die kleinen Schwimmvögel in der Mitte sind Zwergtaucher.

Von allen Wasservögeln, die an diesem vom Menschen angelegten See leben oder ihn besuchen, ist der Krauskopfpelikan der seltenste. Die Plätze, an denen er brüten kann, werden zusehends weniger. Die Fischer mögen es nicht, wenn Pelikane ihnen die Fische wegschnappen, also verteidigen sie ihre Lebensgrundlage mit dem Gewehr. Andere schießen die Pelikane aus reinem Vergnügen. Veränderungen des Wasserspiegels haben auf die Anzahl der Vögel die gleiche Auswirkung wie Gewehre. Die Brutmöglichkeiten verschwinden, wenn Feuchtgebiete aus Gründen landwirtschaftlicher Nutzung trockengelegt werden, oder wenn der Wasserspiegel zwecks Bewässerung der Äcker angehoben wird. Auf der ganzen Welt gibt es heute nach Schätzungen weniger als 1000 Paare des Krauskopfpelikans. Obwohl am Kleinen Prespasee in Nordgriechenland, der gesetzlich geschützt ist, an die hundert Paare in Sicherheit brüten können, hat Griechenland bisher sieben oder acht seiner ehemals vorhandenen Pelikankolonien verloren. Neuerdings ist davon die Rede, das Niveau des Kerkinisees anzuheben. Die Schlammflächen und kleinen Inseln am seichten Ufer würden verschwinden und mit ihnen all die Vögel, die dort leben und brüten.

Die zunehmend seltener werdende Zwergscharbe (Phalacrocorax pygmaeus) ist der kleinste europäische Vertreter der Kormoranfamilie.

Das Nestosdelta

Im Nordosten Griechenlands findet man zwei Tagfalterarten, die in Mitteleuropa bereits äußerst selten geworden sind: den Schwarzbraunen Trauerfalter (Neptis sappho) und den Großen Eisvogel (Limenitis populi, unten).

Als wir in Stavrupolis fragen, wo denn Herr Tsakarides zu finden sei, antwortet der Dorfpolizist mit einigem Erstaunen: „In seinem Haus natürlich." Er kommt gar nicht auf den Gedanken, daß es jemanden geben könne, der das Haus des ungewöhnlichsten Mannes im Dorf nicht kennt. Der Weg zu seinem Haus führt über steile Stufen durch einen Garten mit Narzissen, Osterglocken und Tulpen. Die Veranda, von der man ins schmale Nestostal hinunterschaut, hat rote, an den hölzernen Stützbalken geraffte Vorhänge. Hier sitzt Tsakarides, überstömend von Gastfreundschaft und Informationen, mit einem Adreßbuch, das mit Namen von Wissenschaftlern aus aller Welt gefüllt ist. Schon als Bub interessierte er sich für die Natur. Er studierte dann in Deutschland Volkswirtschaft und machte dort als Finanzmakler Karriere. Nun ist er heimgekehrt und zu einem Verbindungsglied in einer internationalen Kette von Naturwissenschaftlern geworden, die in der nordöstlichen Ecke Griechenlands Bestandsaufnahmen und ökologische Untersuchungen betreiben.

„Keine andere Gegend in Griechenland", sagt er, „ist so naturbelassen." Er sorgt dafür, daß die wissenschaftlichen Untersuchungen hier umfassender betrieben werden, und nicht nur von ausländischen Wissenschaftlern. Im Rodopigebirge kommen in einem Streifen von 70 Kilometern Breite alle drei europäischen Klimazonen nebeneinander vor. Neue Farnarten sind entdeckt worden. Es ist eine recht menschenleere Gegend, und seitdem die Bewohner weggezogen sind, kann man die verschiedenen Stadien der Regeneration im Wald beobachten. In den entlegensten Gebieten ist niemals gerodet worden, und dieser Urwald ist einer von dreien in ganz Europa: Einen weiteren gibt es in der Tschechoslowakei und einen anderen in Polen. Seit 1978 ist der Rodopiwald geschützt. „Aber das hat nichts zu besagen", fügt Tsakarides hinzu. Bären kommen in die Dörfer herunter und plündern an der Straße zwischen Drama und Xanthi die Bienenstöcke. In den Schluchten des Nestostales gibt es Seeadler, Hasen und Wildkatzen, Orchideen und Otter. Er zeigt uns Fotos eines Salamanders mit gelben Punkten und eines Schmetterlings mit glänzend blauen ausgebreiteten Flügeln. „Aber der Fluß ist verschmutzt – durch bulgarische Fabriken." Er soll gestaut werden. Für einen Augenblick verdunkelt sich der freundliche Ausdruck in seinem Gesicht. Es ist auch davon die Rede, im Nestosdelta eine Schiffsverschrottungsanlage zu errichten.

Über eine Ebene, auf der Störche die vom Traktor gezogenen Furchen nahrungssuchend entlangstelzen, gelangen wir schließlich an die Mündung des Nestos. An

In einem nahe dem Nestosdelta etwas landeinwärts gelegenen, menschenleeren Gebiet mit Pappelwäldern, Brombeerdickichten und vielen wasserführenden Gräben breitet ein Trauermantel (Nymphalis antiopa) seine samtbraunen Flügel aus. Daneben singt eine Nachtigall, und im Hintergrund hat ein Halsbandschnäpper seine Sitzwarte bezogen.

der östlichen Uferbank des breiten Flusses ertönt aus einer Pappelpflanzung Vogelgesang von wunderbarer Vielfalt und Fülle. Das Brombeergestrüpp neben dem Weg, der an einem schilfbestandenen Graben entlangläuft, ist der ideale Unterschlupf für Singvögel. Auf einer jungen Pappel sitzt ein Halsbandschnäpper, und dort auf einer Brombeerranke verdreht eine Nachtigall neugierig wie ein Rotkehlchen mit fragendem Blick ihr Köpfchen. Durch das Blättergewirr fallen Sonnenflecken auf ihre kastanienbraunen Federn. Überall am Weg tanzen Schmetterlinge auf und nieder. Waldbrettspiel-Falter, Perlmutterfalter, Kleine Füchse und Pfauenaugen. Ein Trauermantel mit hinreißend samtschwarzen Flügeln läßt sich einen Augenblick auf einem Kiesel nieder, bevor er wieder ins Gebüsch davonschwebt. Von den Wassergräben her ertönt lautes Froschgequake.

Der Weg führt auf ein sumpfiges Vorland, wo nah am Rande des Wassers die wackelige Hütte eines Fischers steht. Obwohl in diesen östlichen Teil der Flußmündung nur wenige Leute kommen dürfen, hat der Fischer vorsichtigerweise eine Tafel angebracht: „Bitte nichts anfassen." Natürlich meint er damit seine Netze und Geräte, aber die Aufforderung könnte sich ebensogut auf das ganze Gebiet mitsamt seinen Pflanzen und Tieren beziehen. Von den engen grünen Tälern des Hinterlandes weitet sich die Landschaft plötzlich zu einer schimmernden Arena aus Himmel und Meer. Der breite Fluß fließt gemächlich an kleinen Inselchen vorbei.

Der Otter braucht ungestörte Uferabschnitte mit viel Deckung, an denen er jagen, ruhen und seine Baue anlegen kann.

Ein Spornkiebitz steht in typischer Haltung mit eingezogenem Kopf im Mündungsgebiet des Nestos. Im Hintergrund eine Brandente und mehrere Flußseeschwalben.

Die Lagunen und Salzwiesen bei Porto Lago sind ein wichtiges Brutgebiet und ein überregional bedeutender Rastplatz für zahllose Wasservögel. Hier erkennt man (v.l.n.r.) einen Sumpfläufer, vier Trauerseeschwalben, einen gemischten Trupp aus Dunkelwasserläufern und Rotschenkeln, eine Schwarzkopfmöwe, einen Säbelschnäbler, zwei Rosapelikane sowie eine Rostflügel-Brachschwalbe.

Da und dort zeigt ein Streifen Brandung Sandbänke an, die hin und wieder hell aus dem Wasser ragen. Am westlichen Horizont wölbt sich verschwommen blau die Insel Thasos. Der Himmel ist erfüllt vom aufgeregten „kliep – kliep" der Austernfischer, deren schwarzweißes Gefieder ihnen die Eleganz von Oberkellnern verleiht. Mittelmeer-Silbermöwen drängen sich in Scharen auf den Sandbänken, und die stromlinienförmigen Seeschwalben sausen in akrobatischen Sturzflügen schrill kreischend über dem Wasser auf und nieder. Ruhig und entspannt rasten Spornkiebitze auf langen Beinen am Spülsaum. Hoch über dem Strand fliegen Brachvögel. Auf den spitz zulaufenden Sandbänken und den kleinen Flußinseln tummeln sich verschiedene Entenarten; ganz besonders schmuck und elegant ist die Brandente. Seit einiger Zeit schrumpft das Nestosdelta immer mehr und existiert vielleicht bald nur noch als Flurbezeichnung. Das Westufer teilen sich die Vögel mit den Erfordernissen der modernen Zeit: mit einem Müllabladeplatz, einem Fischereibetrieb, einem Kraftwerk und mit der hochentwickelten Landwirtschaft. Auch hier auf der Ostseite ist das Land dräniert und bebaut worden, und man hat eine Radiostation errichtet. Aber noch ist die Wildnis vorhanden, und das ausgewogene Verhältnis von Salzmarschen, Fluß und Meer, von Buschwerk und Wald ermöglicht kopfstarken Vogelpopulationen ein Auskommen.

Zwei Weißstörche folgen dem pflügenden Bauern.

Am Vistonissee

In der Nähe von Porto Lago, wo die Hauptstraße parallel zu einer schmalen Landstraße verläuft, die den Vistonissee von den Salzmarschen und dem Meer trennt, konzentrieren und überschneiden sich der Ost-West-Verkehr der Menschen und die Nord-Süd-Bewegung der Vögel in besonders auffallender Weise: unten der Strom von Autos und oben die Schwärme unzähliger Vögel. Zur Zugzeit ist dieser Eindruck besonders augenfällig, aber sogar mitten im Winter und im Sommer findet ein ständiges Kommen und Gehen zwischen dem Meer und den Sümpfen und den Lagunen und dem See statt. Für die Vögel ist dies ein Gebiet, das wegen seines Nahrungsreichtums außergewöhnlich attraktiv ist.

Jetzt, im April, versammeln sich auf einer Sandbank in einer Lagune südlich der Straße Rotschenkel und Dunkle Wasserläufer. Sie mausern bereits aus dem Ruhe- in das Brutkleid, und bald werden sie nach Nordeuropa weiterziehen. Ein Seeregenpfeifer, dessen blaßbraunes und weißes Federkleid sich kaum vom Kies abhebt, auf dem er wie in einem Nest kauert, dreht wachsam ein wenig den Kopf, rührt sich aber nicht. Er vertraut auf seine Tarnung. Uferschwalben nisten unter dem Überhang eines sandigen Weges. Überall im Gebiet halten sich Schwarzkopfmöwen, Spießenten, verschiedene Limikolen, Seidenreiher und Graureiher auf. Dann und wann erhebt sich ein Pelikan schwerfällig aus einer etwa zwei Dutzend Köpfe zählenden Gruppe, die auf einer Sandbankspitze rastet und fliegt über die Straße davon zum See. Den Vogel mit seinem zitronengelben breiten Schnabel und den weit hinten am Körper ansetzenden Flügeln scheint es selbst nicht weniger als den Beobachter zu überraschen, daß so ein plumpes „Modell" überhaupt fliegen kann.

Der Seeregenpfeifer, der in einer flachen Sandmulde sein Gelege bebrütet, ist schon aus geringer Entfernung fast unsichtbar.

Zwei häufige Vogelarten der griechischen Berge: der Hausrotschwanz (rechts) und der Mittelmeerschmätzer (links).

In den tieferen Lagen des Phalakrongebirges blühen die Grüne Nieswurz und die Echte Schlüsselblume.

Das Phalakrongebirge

Die höchsten Gipfel des Phalakron erreichen Höhen von mehr als 2000 Metern und begrenzen im Norden die Ebene von Drama. Das Interessante und Besondere am Phalakron-Massiv ist die Vielfalt an unterschiedlichen Eindrücken auf relativ kleinem Raum. Wollte man Europas Landschaften an einem einzigen Tag sehen, dann müßte man diesen Tag am und rund um den Phalakron verbringen.

Weithin bedeckt Gelber Affodill die Ebene, die ein Schild als die neue Industriezone von Drama ausweist. Über die felsigen Hänge am Rande der Ebene, an denen Christrosen und Schlüsselblumen zwischen niedrigen Wacholder- und Rautensträuchern blühen, ziehen große Ziegenherden. Vereinzelt bilden Reisigverhaue, in die die Tiere zum Melken geführt werden und die als Schutz vor Wölfen dienen, dunkelbraun ausgesparte Vierecke in der Landschaft. In einem steilen Tal mit schwarzer Erde wird Magnesium abgebaut. Die rotgedeckten Häuser des Dorfes Volakas stehen inmitten eines Hochtals. Oberhalb des Dorfes steigen terrassenförmige, von Reihen kleiner Buchen gesäumte Felder auf, die sich blaßgrün, ockerfarben und dunstig-rot in Halbkreisen den Hang hinaufziehen.

Von Volakas führt eine neue Skipiste durch herrliche Buchenwälder in die Berge hinauf. Der Boden ist dick mit kupferfarbenem Laub vom letzten Jahr bedeckt, und an den Ästen entfalten sich gerade die jungen Blätter. Weiter oben, wo die Bäume nicht mehr gedeihen, breiten sich steinige Wiesen aus, die in felsige Hänge mit spärlichem braunem Gras übergehen, auf denen die Makedonische Kiefer wächst, die mit ihren aufwärts gebogenen Zweigenden wie ein Kerzenhalter aussieht. Im Schutz einer Mulde stehen Zweiblättriger Blaustern und der Feste Lerchensporn mit seinen schlanken rosa Blüten in einer Gruppe beisammen.

Eine Herde dunkelgrau-brauner, creme- und beigefarbener Kühe trottet langsam über den grasigen Hang. Ihre schweren Glocken am Hals klingen, und ein Kuckuck ruft. Auf einem Felsgesims gerade unterhalb der Schneegrenze sind bläulichpurpurne Stiefmütterchen schon im Verwelken. Lerchen tirilieren und Wasserpieper flattern über den Hang, Hausrotschwänze und Steinschmätzer sitzen auf besonnten Steinen. Neben dem Schädel einer Kuh auf einem Flecken Schnee in einer Mulde blüht wieder Blaustern und dunkelgelber Krokus. Der geschmolzene Schnee hat aus dem Plateau von Agio Pnevma eine wassergesättigte Wiese gemacht, aber in wenigen Wochen wird sie dicht mit Blumen übersät sein, mit Enzian, Veilchen, Glockenblumen und Schafgarbe, darunter auch vielen seltenen Arten.

Auf der anderen Seite des Berges ist der Frühling schon weiter fortgeschritten. In einem lieblichen, parkähnlichen Gelände blühen unzählige Schlüsselblumen und Christrosen im glänzendgrünen Gras unter Eichen und Wacholderbüschen. Es gibt Birkenwälder, Pinien und weißblühende Kirschbäume, und hohe Salweiden neigen ihre mit flaumiggelben Blütenkätzchen besetzten Äste über einen Bergbach. Zwischen Rautenbüschen und Haselnußsträuchern blühen Traubenhyazinthen. Und als mit einem Mal aus den tiefhängenden, dunklen Wolken sonnenüberstrahlt die Gipfel des Phalakron auftauchen, überspannt ein doppelter, vollkommen regelmäßig geformter Regenbogen die idyllische Szenerie.

Blumen der Berge

In den Gebirgen Griechenlands findet man überall da, wo Weidewirtschaft und Ackerbau nur bedingt möglich sind, vom Frühling bis in den Herbst hinein eine unermeßlich artenreiche Flora.

Im Rodopigebirge

Von der Stadt Drama führt die Straße durch eine Ebene in eine mit Eichen- und Buchengestrüpp bewachsene Hügellandschaft. In der Nähe des Dorfes Paranestion überquert sie den breiten rauschenden Nestos und windet sich dann steil in die Rodopi-Berge hinauf. In einem engen Tal, aus dem gelbe Buchenkätzchen und strahlende Weißdornblüten hervorleuchten, fließt zwischen moosig-grauen Felsen grün-

Die ausgedehnten Wälder des Rodopigebirges an der griechisch-bulgarischen Grenze sind von menschlichen Einwirkungen bis heute unberührt geblieben.

schäumend ein Nebenfluß des Nestos, über den sich eine Steinbrücke wölbt. Eine Tafel weist auf Thermalquellen hin, die offenbar mit dem netten neu errichteten Gebäude in Zusammenhang stehen, das unauffällig, aber voller Hoffnung darauf wartet, daß jemand an diesen einsamen und abseits gelegenen Ort kommt. Noch unbelaubte Eichen und Buchen überziehen die Hügel mit einem purpurnen Schimmer. Neben einer Ansammlung von drei verfallenen Häusern stehen blühende Kirschbäume wie weiße Geister. Nach jeder Kehre bietet sich ein neuer Ausblick auf endlose malven- und purpurfarbene, violette und graue Formen.

Hinter der nächsten Biegung treibt ein alter Mann eine Herde Kühe vor sich hin. Seine blauen Augen funkeln, aber sein Lächeln verschwindet, als er erfährt, daß das Ziel unserer Fahrt nicht sein Dorf ist. „Zagradenia? Warum wollen Sie dort hinauf? Da gibt es nichts zu sehen." Wir fahren weiter, über viele Hügel, höher und höher . . .

Den Straßenrand säumen jetzt in den Boden gerammte Holzstangen, und hohe Kiefern begleiten uns in die felsigen Höhen. Im feuchten Gras, das stellenweise noch mit braungerandeten Schneehaufen bedeckt ist, wächst eine rosarote Blume, die Peter zunächst nicht bestimmen kann. Ihre einzige Blüte besteht aus sechs schmalen ovalen Blütenblättern, die wie eine holländische Haube eingerollt sind. Aus der gelben Blütenröhre ragen weiße, an den Enden rote Staubfäden heraus. Die ganze Blüte, deren rosa Blütenblätter außen einen Anflug von Braun haben, ist anmutig geneigt. Peter identifiziert sie schließlich als Hundszahnlinie, eine Art, die er nicht erwartet hat, zumindest nicht hier in Griechenland.

Nach einer Weile mischen sich zwischen die Nadelbäume wieder Buchen, die noch ihre kupferfarbenen Herbstblätter tragen. Dürres, vom kürzlich geschmolzenen Schnee flachgedrücktes Farnkraut bedeckt ganze Hänge, und uns scheint, dies könnte auch ein Buchenwald in Nordeuropa sein und nicht zwischen Bulgarien und Griechenland. Schließlich markiert eine Tafel die Grenze des eigentlichen Urwaldes. Mit einem Schlag verdichtet sich die Atmosphäre. Mag sein, daß der Hinweis sensibilisierend wirkt. Obwohl es auf unserer Fahrt seit 60 Kilometern weit und breit kein sichtbares oder hörbares Anzeichen für eine Siedlung gab, haben uns die verstreuten Ruinen und die als Wegzeichen dienenden Stangen bisher daran erinnert, daß hier schon vor uns Menschen gewesen sind. Hier oben hatte der Mensch allerdings niemals teil an der Gestaltung der Landschaft, wenn man von der Straße absieht. Dieser Wald lebt und stirbt auf natürliche Art. Tannen, Kiefern und Buchen samen sich unkontrolliert aus und kämpfen ums Licht, brechen, fallen, erneuern sich. Jetzt im April versperrt noch Schnee den Zugang zu den abgeschiedenen Teilen des Urwalds, aber auch im Hochsommer bleibt das weitläufige Gebiet und mit ihm die Tiere und Pflanzen im großen und ganzen unbehelligt. Hier greift der Mensch nicht ein, sondern die Natur schützt sich selbst. Möge es noch lange so bleiben!

Der Pardelluchs (Lynx pardina) lebt vereinzelt in den menschenleeren Berglandschaften Nordgriechenlands. Leider bekommt man diese seltene Säugetierart selten zu Gesicht.

Während der Wintermonate kommen einzelne Bären manchmal bis in die Täler hinunter, wo sie Bienenstöcke und sogar Mülltonnen plündern.

Nordgriechenland

Kein Punkt in Griechenland ist weiter als eine kurze Tagesreise entfernt vom Meer. Hoch im Norden und tief im Landesinneren liegen zwei der größten Seen Griechenlands, der Große und der Kleine Prespasee. Der größere – wie zum Ausgleich dafür, daß er ein Binnengewässer ist – scheint mit dem Meer wetteifern zu wollen. Oft ist das tiefblaue Wasser stürmisch bewegt, und die gegenüberliegenden Ufer sind nicht auszumachen. Daß noch zwei andere Länder an den See grenzen, Albanien im Nordwesten und im Nordosten Jugoslawien, verstärkt diesen Eindruck und macht den See zu einem nicht so ohne weiteres zu überquerenden Ozean. An den südlichen Ufern wiegen sich Boote. Nur die vielen tausend Vögel im und über dem Wasser kennen keine Grenzen. Auf griechischem Gebiet sind sie immerhin geschützt, denn die beiden Seen sind zum Nationalpark erklärt worden. Hier nistet auch der Krauskopfpelikan.

Die Hafenstadt Parga an der westlichen Festlandküste könnte dagegen durchaus an einem See liegen. Die Straße von Korfu ist häufig spiegelglatt, und die nur 19 Kilometer von der Küste entfernte Insel Paxi erweckt zusammen mit Korfu den Eindruck, als bilde sie das andere Ufer eines imaginären Sees.

Abgesehen von einem See, der dem Meer ähnelt, und dem Meer, das hier wie ein See wirkt, hat Nordgriechenland noch viele andere Gewässer; besonders interessant sind die Seen von Ioannina und Kastoria, in denen es Karpfen, Schleie und Aale gibt, und an deren Ufern viele Vogelarten leben und nisten. Aber Nordgriechenland ist vorwiegend ein gebirgiges Land. Von der Westküste zur Ostküste erstreckt sich eine Bergkette nach der anderen, unzugängliche zerklüftete Höhen, wo Wildschweine, Wildkatzen, Luchse, Wölfe und Bären außer Sicht- und Reichweite des Menschen bis ans Ende ihrer Tage hausen können. In den tiefen Flußtälern des nördlichen Pindos leben Otter und Greifvögel – Adler, Bussarde und Geier segeln über den schwarzen Schluchten. In dieser majestätisch schönen Landschaft gibt es – ungesehen und oft nicht einmal registriert – die seltensten Pflanzen und Insekten. Hier sind immer noch Entdeckungen aller Art möglich.

Die Vikos-Schlucht im Norden des Pindosgebirges ist ein Rückzugsgebiet für seltene Pflanzen und Tiere.

Seite 100: Eine Gebirgsstelze rastet einen Augenblick lang auf einem Felsblock am Fluß Aoos. Der Vikos-Aoos-Nationalpark ist ein wildes, aber wunderschönes Gebiet. Hier leben Otter, Pardelluchs, Braunbär und viele seltene Greifvögel, z. B. der hier dargestellte Habichtsadler (Hieraaetus fasciatus).

Auf dem Weg zu den Zagori-Dörfern

Griechenland hat eine besondere Art von Direktheit und Sprödigkeit. Alles erscheint, wie es ist: ungemildert die Häßlichkeit, ungemindert auch die Schönheit. Passiert man die weitläufigen Industriegebiete in den Außenbezirken von Saloniki, das Bauerwartungsland und die abstoßenden Fabriken, die Lagerhäuser mit ihren zerbrochenen Fensterscheiben und die Brachflächen voller Abfall, Schmutz und Ruß, zeigt sich die Kehrseite der Industriegesellschaft in depremierender Erbärmlichkeit. Hier wird kein Versuch gemacht, die Wirklichkeit zu kaschieren. Es werden keine Bäume als Sichtschutz gepflanzt, die öden Terrains werden nicht gesäubert und der Industrieabfall nicht versteckt. Den industriellen Prozeß gibt es nun einmal, und er entwickelt sich ungehemmt und planlos, wo immer es geht.

Ähnlich ungehindert teilt sich der Fluß Aoos, der durch die engen Schluchten der Berge strömt, in viele einzelne Arme, sobald er die ausgedehnte Ebene unterhalb von Konitsa erreicht. Schwere Regengüsse in den Bergen im Westen von Veria lassen in jeder Spalte Kaskaden von Wasser die Hänge herabstürzen. Wir fahren 250 Kilometer auf einer fast durchweg kurvenreichen Straße durch die Berge von Vermio und Askio und in das nördliche Pindosgebirge, klettern in engen Serpentinen fast in die Wolken und wieder hinunter in dunkle Täler, wo die Flüsse sich ihren Weg nach Westen tief eingegraben haben.

Unterhalb von Eptachori, wo Form und Farbe der Berge an Kohlenhalden erinnern, ist das Wasser schmutzig wie Spülicht. Der Fluß führt so viel Wasser mit solcher Wucht mit sich, daß die Wassermassen in medusenhaften Knäueln sich zu Pyramiden türmen. Bei solchem Wetter stürzen Felsen herunter und es kommt zu Erdrutschen. Nichts ist fest. Man begreift, wie das Wasser ganze Landschaften formt. Der Fluß drängt sich an den Brückenpfeilern hinauf, steigt an den Böschungen empor – eine nicht aufzuhaltende Kraft, die sich, jedes Hindernis überrollend, Raum schafft. Und ständig nehmen seine Fluten zu, weil überall Nebenflüsse aus anderen Bergtälern dazustoßen.

Brücken wie diese schöne dreibogige Brücke bei Zagori wurden in byzantinischer Zeit gebaut, um Flüsse und Bergschluchten zu überwinden.

Sobald der Aoos die Ebene von Konitsa erreicht, weitet sich das Flußbett und verzweigt sich in Arme, die tiefe Rinnen in die dazwischenliegenden kiesigen Inseln schneiden. Plötzlich reißen die Wolken auf und geben die Sicht auf eine überwältigende Form frei – eine Masse aus Felsen und Schnee, so kompakt, daß die Wirkung fast körperlich spürbar ist. Das ist der Smolikas, ein riesiger Bergkoloß, dessen blaue, graue und mitternachtsblaue Schatten vom Weiß seines Schnees gekrönt sind. Seine Erscheinung überfällt einen auf plötzliche und fremdartige Weise wie ein Riese, der sich zwischen Sterblichen niederläßt, der wie ein unerwarteter, überdimensionaler Gast neben einem Platz nimmt. Er steigt abrupt aus der Ebene auf, in der der Fluß jetzt genügend Raum hat, sich in vielen Armen auszubreiten. Jenseits der Ebene führt die Straße in Richtung Ioannina wieder in die Berge und wieder in die Wolken. Gelegentlich verziehen sie sich, und schwarz und weiß im Himmel auftauchende Formen erinnern noch einmal an die seltsame Erscheinung – diesmal in Gestalt des Berges Gamila.

Hier, im nördlichen Pindosgebirge, liegen hoch droben die Zagoridörfer, die mit ihren Steinmauern und grauen Dächern in der Landschaft so wenig auffallen wie die Felsen, zwischen denen und an die sie gebaut sind. Eine schmale Brücke überspannt einen Fluß, der jetzt übervoll ist und an einer grünen, von Platanen gesäumten Wiese vorbeischäumt. Die engen Kurven der Straße glänzen im fahlen Licht, und bergauf, hingeduckt unter Felswände, liegt am Rand einer Schlucht ein Dorf, von dem in der Dämmerung kaum mehr als ein paar stecknadelkopfgroße Lichtpunkte zu sehen sind. Aber wo alles verschlossen, dunkel und verlassen zu sein scheint, brennt in Kulis' Gasthof ein Holzfeuer, und mit einem Willkommensgruß wird uns Essen und Wein angeboten.

Schellengeklingel hallt in einer gepflasterten Gasse, durch die Kühe auf die Weide getrieben werden. Ein Charakteristikum der Architektur des Zagori-Gebiets ist der überdachte Eingang, der in einen von einer Steinmauer umgebenen Hof führt.

An den bewaldeten Hängen des Berges Gamila hüpft ein Eichhörnchen quer über unseren Weg.

Die Aoos-Schlucht und die Vikos-Klamm

Der Aoos schießt sogar im Hochsommer als blaugrüner brausender Wildbach durch sein enges Tal. An seinem Ausgang überquert er eine schlanke byzantinische Bogenbrücke und fließt dann in mehreren Armen durch die Ebene nordwärts in Richtung Albanien. Hier in der Schlucht schäumt die Gischt über weiße moosige Steine. Eisvögel beobachten insektenschnappende Fische in den tieferen Kolken, Gebirgsstelzen trippeln über die Flußsteine, und in und unter den Platanen, die das Ufer säumen, flattern und zwitschern Weidenmeisen, Sumpfmeisen und Teichrohrsänger. Felszinnen ragen an beiden Seiten wie Orgelpfeifen auf. Dunkel bewaldete Felswände dräuen über dem Fluß und lösen sich weiter oben in dunstige Schatten auf. Im hellen Sand am Rande des Wassers sind undeutliche Tierspuren zu sehen, die Peter aber nicht mehr mit Sicherheit identifizieren kann. In der Aoos-Schlucht leben viele Tiere, die in der letzten Nacht ans Ufer gekommen sein könnten. Hier gibt es Otter, aber auch Luchse, denn dies ist eines der wenigen Gebiete in Europa, in denen der Pardelluchs zu finden ist. Er ist etwas kleiner und dichter und dunkler gefleckt als der gewöhnliche Luchs, der in Skandinavien und Osteuropa vorkommt. Auch Bären, Wölfe, Wildkatzen und Schakale leben hier. Aber diese vom Regen verwischten Spuren lassen das Rätsel, wer der nächtliche Besucher war, ungelöst.

Ein Mann auf einem Esel, einen zweiten am Halfter, reitet langsam den schmalen Pfad zwischen den bewaldeten Felshängen und dem rauschenden Wasser entlang. Er ist auf dem Weg zu einem am Ende der Schlucht gelegenen Kloster, wo

Im Gebiet um die Vikos-Schlucht gibt es in Höhen um 1000 Meter selbst im August noch blumenreiche Wiesen. Hier blühen der Balkan-Akanthus (Acanthus balcanicus), Salbei und im Vordergrund die Wegwarte.

ein einsamer Mönch lebt. Eine kleine Ansammlung von Häusern auf einem steilen Vorgebirge der Vikos-Schlucht bildet das Dorf Vikos, das die Einheimischen auch Vitsiko nennen. Der unbefestigte Pfad zwischen Areti und Vitsiko ist nach dem nächtlichen Gewitter schlüpfrig und naß. Er windet sich an den steilen Hängen entlang bis zu einem Platz mit einer hübschen kleinen Kirche. Daneben, auf einer rostigen, an eine Platane genagelten Blechtafel steht großartig der Name des Platzes. Auf den ersten Blick sieht es aus, als ereigne sich in Vitsiko noch weniger als an den Ufern des Aoos. Niemand ist zu sehen, und aus keinem Haus dringt ein Laut. Es ist elf Uhr vormittags.

Leuchtendweiße und terrakottafarbene Kalksteintreppen führen steil zum Fluß hinunter, enden aber bald an einem schmalen Weg, den Ziegenpfade kreuzen. Der Weg verliert sich nach kurzer Zeit in Geröllhalden. Tief, tief unten, wie am Fuße eines zerbröckelnden Wolkenkratzers, sind zwischen den Bäumen am Fluß braune Ziegen zu sehen. Es scheint unmöglich, weiter hinauf- oder hinunterzugehen, ohne abzurutschen und jeglichen Halt zu verlieren. Steine rollen von oben, und mit zitternden Knien rodeln wir förmlich bis ans Ende der Halde. Die Tiere im Schatten der Platanen, manche von ihnen im Geäst stehend, schauen diesem Abstieg erstaunt zu. Sie und die beiden jungen Hirten, die sie melken, scheinen verblüfft über das Tempo und die unpassende Art des Abstiegs; sie kennen den richtigen Weg – und die leichtfüßigen Ziegen brauchen nicht einmal diesen.

Die Hirten sind mit der Herstellung von Käse beschäftigt. In einem Kessel über einer Feuerstelle erhitzen sie Milch, die sie zum Abtropfen in einem durchlöcherten Gefäß an einem Gestell aus Zweigen in die Baumäste hängen. Sie erzählen von Leuten, die durch die Schlucht zwischen Monodendri und Vitsiko wanderten. Wenn man ihnen zuhört, hat man den Eindruck, hier herrsche ein Verkehr wie auf einer Straße in der Stadt. Sie erzählen auch von Unfällen. Ein Fremder stürzte die Felsen hinunter und brach sich ein Bein. Drei Tage lang lag er so, bis ihn ein Hubschrauber rettete.

Die Aoos-Schlucht, obwohl von eindrucksvoller Schönheit, ist ein düsterer und bedrohlicher, melancholisch dunkler Ort im Vergleich zur Vikos-Klamm. Dort ragen die Felswände noch höher empor, aber alles ist licht, luftig und anmutig. Sogar die Gebirgsstelzen am Fluß scheinen mit ihrer gelb in der Sonne leuchtenden Brust lebhafter als jene am Aoos. Strauchiges Brandkraut mit Samenkapseln wie winzige zimtfarbene Bienenkörbe überzieht hell die Felshänge. Zwischen Dost und krüppeligen Buchen blühen kleine Nelken und Lerchensporn, und vom trockenen Flußbett, wo die Steine kalkweiß blenden, steigen Wälder aus Feldahorn, Walnuß- und Kirschbäumen empor. Zu beiden Seiten der Schlucht erheben sich die Felswände wie Türme und Zinnen, und einzelne Bäume ragen, sich an den nackten Fels klammernd, über die oberste Zackenlinie hinaus. Einzelne Felsspitzen erinnern an Kerzen.

Zwischen den Pflanzen scheint immer wieder der Stein durch, bunt schraffiert, da blaßorange, dort grau, und glimmt wie von innerem Kerzenschein erleuchtet.

Oben: Blick in die Aoos-Schlucht

Mitte: Dieser Bach, der über waagerecht geschichtetes Gestein bergab fließt, bildet mehrere natürliche Schwimmbecken.

Unten: In der Vikos-Schlucht blüht die Blasse Stockrose (Alcea pallida), und Felsenschwalben schießen kreuz und quer durch die Luft.

Nach etwa einem Drittel der Strecke flußaufwärts durchschneidet eine andere Schlucht die Felswände. Wenn das Flußbett Wasser führt, sagen die Hirten, kann man an dieser Stelle manchmal Wölfe und Bären sehen, die zur Tränke kommen. Jetzt im Sommer ist das Flußbett trocken, und die Tiere bleiben im wilden Hinterland verborgen. Peter setzt sich zum Zeichnen in den Schatten eines Nußbaums, worauf Eichelhäher aus den Büschen hervorkommen und lautstark ihre Entrüstung und Empörung über die Störung kundtun. Ein Felsenkleiber klopft eine heimliche Botschaft auf dem oberen Ast eines Kirschbaums, und dann und wann ertönt der Ruf eines Grünspechts. Über unseren Köpfen kreisen Bussarde im blauen Äther, und im Gehölz, ganz vereinzelt und längst nicht so laut wie in den Niederungen, zirpen Zikaden. Überall tanzen Schmetterlinge über die sonnenbeschienenen Felsbrocken zwischen den Bäumen. Auf einem Stein neben einer Grünen Nieswurz dreht sich langsam ein Perlmutterfalter, um die Sonne besser auszunutzen.

Der Tag neigt sich seinem Ende zu, und plötzlich hören wir, wie zur Bestätigung der Klagen der Hirten, Geräusche näherkommen. Aber es sind nicht die Bären aus ihren Erzählungen, sondern zwei der Rucksacktouristen, wie sie sie beschrieben haben. Mit raschem und entschlossenem Schritt stapfen sie vorbei, sie wollen die ganze Schlucht durchwandern.

Der Vikos fließt durch eine tiefe, hinreißend schöne Schlucht zwischen den beiden Dörfern Monodendri und dem landläufig als Vitsiko bekannten Vikos hindurch. Viele seltene Blumen und Heilkräuter wachsen hier.

Ziegen, die darauf warten, gemolken zu werden, erklimmen die Äste von Platanen in der Nähe der Voïdomatisquelle.

Am Abend treffen wir sie alle vor dem Café, das jetzt geöffnet hat. Die beiden Hirten spielen Karten, und die Wanderer, zwei junge Arbeiter aus Saloniki, erzählen mit ansteckender Begeisterung von ihren Ausflügen. Sie verbringen jeden Urlaub in den Bergen. Die beiden wissen sich wirklich ins rechte Licht zu stellen: Soll man ihren Berichten glauben, dann müßten sie Siebenmeilenstiefel besitzen, mit denen sie einen Berggipfel nach dem anderen erstürmen, daß die Steine nur so stieben.

Ein Auto hält auf dem Platz. Zwei junge Paare aus Serres wollen am nächsten Tag durch die Schlucht gehen. Die Männer sind fesch und sportlich gekleidet, die Mädchen auffallend geschminkt und ängstlich. Sie werden noch furchtsamer, als sie von den Bären und Unfällen und tödlichen Abstürzen hören, von denen man im Café fast scherzend spricht. Daß auch der Sohn des Lokalbesitzers in den Bergen den Tod gefunden hat, wird nur ganz leise erzählt.

Von Ioanides, dem Wirt, erfährt Peter, daß im Nachbardorf ein Pflanzensammler lebe. Seit Jahren sammelt und preßt Staras die Blumen und Gewächse der Vikos-Schlucht, und einen Raum seines Hauses hat er in eine Art naturhistorisches Museum verwandelt. Auch Schmetterlinge sammelt er, und es gibt in bezug auf die Natur in dieser Gegend fast nichts, worüber er nicht Bescheid weiß. Er berichtet von den „Vikos-Ärzten" und meint damit die Dorfbewohner früherer Zeiten, die um die Heilkraft der Pflanzen wußten und sie bei Krankheiten anwandten. Er zeigt uns Exemplare des Balkan-Akanthus und anderer seltener Pflanzen und vergleicht das Interesse, das man früher an Pflanzen hatte, mit dem heutigen. „Heute sind es Wissenschaftler von auswärts, die sich mit den Pflanzen beschäftigen. Einmal hat mich ein schwedischer Botaniker besucht. Er hat eine einzige Blume, eine Orchidee, vier Jahre lang studiert! Stellen Sie sich das vor!"

Oberhalb seines Hauses sind die Hänge grün und dicht bewachsen: Wacholder und Schlehdorn, wilde Apfel-, Birn- und Kirschbäume, Wal- und Haselnüsse, Eichen und Scheinzypressen bilden ein ausgedehntes Dickicht. Ein Eichhörnchen mit weiß aus seinem kastanienbraunen Fell leuchtender Hemdbrust überquert den kleinen Bach. Mit gespitzten Ohren wiegt es sich einen Augenblick auf einem Haselnußzweig und verschwindet dann im Gebüsch. Peter zeichnet in einer von Blumen und Schmetterlingen übersäten Wiese die in den Himmel ragenden Felsformationen. Vitsiko ist von hier aus nicht zu sehen, wohl aber die charakteristische Bergspitze oberhalb davon. Aus der Distanz sieht sie wie ein Gebäude aus, wie eine Basilika.

Ringsum herrscht eine großartige Ruhe, doch es ist eine Stille, die sich aus vielen verschiedenen Hintergrundgeräuschen zusammensetzt: aus dem Rufen und Zwitschern der Vögel, dem Flattern von Flügeln im Gebüsch, dem Summen von Insekten und dem Gluckern des Wassers. Über mehrere Terrassen ergießt sich der Bach schließlich in eine Rinne, die unzählige, aus dem weißen Gestein herausgewaschene Becken füllt. Hier ist eine Mauer mit einem Schleusentor errichtet worden. Wenn im Sommer das Tor geschlossen gehalten wird, ist das kristallklare Wasser im großen Teich oberhalb tief genug zum Schwimmen. Eine Blechtafel verkündet, dies sei ein „Kolimbitirio", ein reizend unpassender und technisch anmutender Name für so einen schönen, natürlichen Badeplatz. Die Tafel ist rostig und das Wort kaum zu lesen. Sogar im Zeitalter des Massentourismus, der einem das Reisen leicht macht, kommt kaum jemand hierher. Die einzigen, die kommen, sind die Zielbewußten und Interessierten, und solange das so bleibt, sind das „Kolimbitirio" und die ganze Gegend sicher. Wir hoffen, daß diese Schilderung, ebenso wie das rostige Schild, zwar als Einladung verstanden wird, aber keinesfalls Rummel und Zerstörung der Idylle hervorruft.

Zu den selteneren Singvögeln, die an den Prespaseen brüten, gehört die Beutelmeise (Remiz pendulinus). Die geschlossenen Nester mit dem seitlich angebrachten Einschlupf findet man an Bäumen in Gewässernähe.

Die Prespaseen

Die ferne Gebirgssilhouette jenseits des blauen Wassers des Großen Prespasees gehört bereits zu Albanien. Unser Bootsführer deutet auf eine Insel, eine dunklere graue Erhebung vor der blaßgrauen Bergkette, die aber tatsächlich inmitten der großen Wasserfläche liegt. Er erzählt, daß sie einst zu Griechenland gehört habe, aber irgendwann vor dem letzten Krieg einer jugoslawischen Königin zur Hochzeit geschenkt worden sei. Er selbst wurde 1948 von Ungarn erworben – das geschah in diesen Bürgerkriegsjahren vielen Kindern.

Vangelis wurde in Ungarn zum Metallarbeiter ausgebildet, arbeitete später in der Tschechoslowakei, und bevor er nach Griechenland zurückkehrte, verbrachte er drei Jahre in Toronto. Er erzählt von seinem wechselvollen Leben auf ganz neutrale Weise, ohne Anzeichen einer politischen Bevorzugung. Jetzt veranstaltet er Bootsausflüge für Touristen, die Vögel beobachten wollen. Er scheint so wenig Interesse an Vögeln zu haben, wie er an Politik zeigt. Als Peter ihn in der Hoffnung, den griechischen Namen des Gänsesägers zu erfahren, fragt „Was ist das?", antwortet Vangelis, selbstzufrieden wie jemand, der eine umfassende und ausgiebige Antwort gibt, das sei ein „neropuli". Abgesehen von den doch zu prägnanten Pelikanen und Reihern ist für ihn jeder Vogel solch ein „Wasservogel".

„Der See ist hier 65 Meter tief", sagt Vangelis. Peter taucht, um zu sehen, welche Fische es unter der blauen Oberfläche gibt. Aber da unten ist es dunkel und voller Wasserpflanzen. Vangelis informiert uns, daß die Fischer hier oft sechs Kilogramm schwere Forellen herausholen. „So groß!" zeigt er mit ausgebreiteten Händen, fügt aber nicht, wie so viele griechische Fischer, „Verzeihung" hinzu, was so oder so zu verstehen ist.

Nach allen Richtungen hin ist Bewegung: Kormorane fliegen als schwarze Silhouetten über den Himmel oder tauchen ins Wasser. Pelikane, sowohl der Krauskopfpelikan als auch der Rosapelikan, schaukeln auf den Wellen. Schrill kreischen über ihnen die Lachmöwen. Wir sehen Seidenreiher, Seeschwalben mit dunklen

Köpfen, Zwergtaucher, Haubentaucher und alle möglichen Entenarten. Von 28 Vogelarten, die europaweit vom Aussterben bedroht sind, brüten 13 an diesen Seen, miteingeschlossen der Krauskopfpelikan. Aber obwohl die Prespaseen 1974 nach einem fünfzehn Jahre währenden Kampf der Griechischen Naturschutzgesellschaft zum Nationalpark erklärt wurden, sind weder die Pelikane noch die anderen „Wasservögel" ganz sicher. Die Menschen benötigen die Fische im See für sich selbst.

Am Abend wandern Kühe von ihren Weiden auf den Hügeln über den Strand heim in das Dorf Psarades. Sie kennen den Weg zu ihren Ställen. Eine schwarzgekleidete Frau öffnet einer von ihnen das Gatter zum Hof. Die Kuh ist alles, was sie hat. Sie weint, während sie erzählt, daß ihr Mann zwei Monate zuvor gestorben sei. Ihre Tränen gelten aber nicht diesem Verlust, sondern ihrem Geldmangel. „Ich habe mit 15 Jahren geheiratet. Ich hatte meine Mutter verloren und heiratete, um Essen zu haben. Es war Besatzungszeit. Wir waren am Verhungern. Mein Mann ernährte mich, aber er gab mir nie Geld. Ich habe niemals Geld gehabt. Ich habe kein Geld, um seine letzte Operation zu bezahlen. Seien Sie nicht wie ich. Schauen Sie, daß Ihr Mann Ihnen Geld gibt." Für sie ist es ohne Belang, ob die Fischer oder die Pelikane die Forellen im See fangen; sie kann es sich nicht leisten, Fisch zu kaufen. Naturschutz ist ein Luxus für wohlhabendere Gesellschaften mit einer weniger bewegten Vergangenheit.

Die seltene Wassernuß (Trapa natans) gedeiht in der Randzone des Großen Prespasees.

Dieses Bild entstand am Großen Prespasee. Es zeigt (v.l.n.r.) einen Schlangenadler, einen Trupp Moor- und Reiherenten, ein Gänsesägerpaar, Krauskopfpelikane, Löffler und einen Silberreiher.

Noch gibt es Wölfe in den Bergen Nordgriechenlands. Man kann ihr Heulen, besonders nachts und in den Wintermonaten, gelegentlich hören.

Metsovon

Im 17. Jahrhundert gewährten die Einwohner von Metsovon einem türkischen Wesir, der vor dem Zorn seines Sultans fliehen mußte, Schutz und Hilfe. Nachdem der Sturm bei Hof sich später gelegt hatte, dankte der Wesir der Stadt, indem er ihr besondere Privilegien zugestand. Sie war von 1669 bis zur Zeit Ali Paschas so gut wie unabhängig von den türkischen Landesherren und konnte ihre Angelegenheiten selbst regeln.

Heute, in den achtziger Jahren des 20. Jahrhunderts, bereiten die Bewohner von Metsovon ein Fest für den 15. August, für Mariä Himmelfahrt, vor. Außerhalb der Stadt, in einem Lager der nomadischen Vlachs, herrscht lebhaftes Treiben. Sie sind dabei, ihre Zelte, die mit Wolldecken und kleinen Teppichen in leuchtenden Farben ausgelegt sind, abzubrechen. Pferde und Maultiere warten bereits gesattelt. Ein gutaussehender alter Mann mit einem weißen, gezwirbelten Schnurrbart, der zu seinen langen, an den Knöcheln, Knien und Schenkeln mit Bändern befestigten Socken paßt, sitzt vornübergebeugt im Damensattel auf seinem Pferd.

Die Stadt ist überfüllt, denn viele Familien sind anläßlich des Festes heimgekehrt. Aus den gepflasterten steilen Gäßchen strömt die Menge in Richtung Hauptplatz, wo sie sich um und in die von Gesang und Kerzenlicht erfüllte Kirche drängt. Ein ständiges Kommen und Gehen und Begrüßen findet statt. Man bereitet ein Fest vor, an dem die ganze Stadt teilnimmt. Diejenigen, die zur Kirche gehen, halten ganze Bündel von langen Wachskerzen in der Hand. Die meisten Frauen tragen

Der Uhu mit seinen auffallenden Federohren ist leicht zu erkennen, aber die vielen Arten von Adlern, Bussarden und Geiern, die man im Hochgebirge sieht, lassen sich oft nur schwer voneinander unterscheiden. Der große Greifvogel links neben dem Uhu ist ein adulter Schreiadler, rechts ein Kaiseradler im Jugendkleid.

ihre Tracht. Das geflochtene Haar hängt unter einem Tuch in zwei Zöpfen über den Rücken. Die langen Ärmel der bortenbesetzten Bluse weiten sich am Handgelenk und bedecken die Hand. Den Oberkörper umspannen schwarze, kirschrote oder flaschengrüne Samtleibchen mit V-Ausschnitt, und unter den einfachen dunklen Schürzen, die nur am Rand bestickt sind, bauschen sich weite Röcke, die eine Handbreit über den dazu passenden Strümpfen in dunklen Blau- und Rottönen, in Grau oder Schwarz enden. Die Röcke sind entweder aus Brokat, aus kariertem Stoff, oder sie weisen schwarzweiße Zickzackmuster auf.

Die Männer treffen sich auf dem Hauptplatz und sitzen auf den Bänken unter den Platanen. Viele tragen Samtkappen, Sergejacken und Hosen, die bis unter die Knie weit sind und dann am Bein eng anliegend geknöpft werden. Sie sind seitlich mit Borten besetzt, und jeder Knopf ist mit Stoff überzogen. Manche haben Hände und Kinn auf den geschnitzten Knauf eines Bergstocks gestützt, den sie zwischen den gespreizten Knien und den Holzschuhen halten, an deren Spitzen große schwarze Quasten bei jeder Bewegung des Trägers mitschwingen.

Gegen Abend füllt sich der Platz immer mehr. Der Gottesdienst ist zu Ende, und die Familien finden sich wieder zusammen. Ein wenig abseits vom Platz befinden sich zwei Reihen von Geschäften. Auf der einen Seite, unter einem Säulengang, haben ein Käsehändler, eine Fleischerei, ein Barbierladen und eine Grillstube weit ihre Türen ins hell erleuchtete Innere geöffnet. Das schnelle Kommen und Gehen macht jedes Geschäft zu einer eigenständigen und gleichzeitig mit den anderen verbundenen Theaterbühne. Während der Grillkoch schwungvoll die Holzkohle anfächelt und mit den Umstehenden Scherzworte tauscht, wird Käse abgewogen und geschnitten, spaltet ein Fleischer einen Knochen und fliegt die Hand des Barbiers mit Kamm und Schere über einen üppig behaarten Kopf, dessen Träger, der recht heiter Platz genommen hat, immer finsterer dreinblickt, je mehr er sein Spiegelbild seiner Locken beraubt sieht.

Auf der gegenüberliegenden Seite werden an überfüllten Tischen im Freien Getränke serviert. Kinder jagen einander zwischen Tischen und Stühlen, wirbeln um die Holzpfeiler des Säulengangs, fallen, werden aufgehoben, geküßt, getröstet. Menschengruppen kommen an, treffen einander, gehen wieder auseinander. Es ist ein lautes und übermütiges Gewühl, ein sich immer schneller drehender Kreisel aus Erregung und guter Laune. Jeden Moment kann sich die ganze Szenerie in die Lüfte heben - der Barbier und der Grillkoch, die Tische, der Wein, das Bier, die Männer, Frauen und Kinder, die Berge von Käse, die Fleischscheiben - alles verdichtet sich zu einem rasenden Knäuel, und wir schießen in die schwarze Nacht und kreisen auf ewig im Weltall - eine Kugel aus Lärm und Licht. Aber kurz bevor es soweit ist, ebbt der Trubel jedesmal ab. Eine Gruppe steht auf und verabschiedet sich, eine winzige Flaute entsteht, bevor die nächsten mit Trara eintreffen und der Lärm sich wieder zu einer Kugel verdichtet, die immer schneller und schneller rollt.

Die Stadt liegt hoch auf der einen Seite eines tiefen Tales, das von schroffen Felshängen umgeben ist. Vielleicht herrscht an diesem Ort, der umschlossen ist von mehreren hintereinander gestaffelten Bergketten, so viel Ausgelassenheit und Stimmung gerade wegen seiner isolierten Lage. Dennoch ist Metsovon nicht rückständig. Die Leute haben der Tatsache, daß die Zeiten sich ändern, auf angemessene Weise Rechnung getragen. Ein einfallsreicher Mann hat die Landflucht gestoppt, indem er die Erzeugung und Verarbeitung von Käse und Holz zu örtlichen Industriezweigen ausgebaut hat. Wie im 17., so haben auch im 20. Jahrhundert die Leute von Metsovon ein ausgeprägtes Selbstwertgefühl und genügend Vertrauen in ihre eigenen Fähigkeiten, um aus den Veränderungen Nutzen zu ziehen, ohne ihren Lebensstil deswegen aufzugeben.

Diese Zeichnung zeigt einen Mönchsgeier (oben) mit zwei Zwergadlern in verschiedenen Farbphasen und (unten) einen ausgefärbten Wespenbussard, der der gebänderten Phase angehört.

Felsen und bewaldete Inseln kennzeichnen die Bucht von Parga, einer hübschen Hafenstadt im Nordwesten Griechenlands.

Die Stadt Parga

In Pargas gewundenen Gassen gibt es keine Autos, dafür grellfarbige Waren und Urlauber zuhauf. Dicht drängen sich die rotgedeckten Häuser an den steilen Hängen der geschützten Bucht, wo sich grüne Inseln im blaugrünen Wasser spiegeln. Solch eine Theaterszenerie verdient ein tausendfaches Publikum. Die Menschen und das Ambiente lassen gemeinsam ein fröhliches Musical entstehen, in dem jeder gutgelaunt mitspielt.

Oberhalb der Stadt thront auf einem hohen Vorgebirge, das den langen, von Olivenbäumen gesäumten Strand vom Hafen trennt, eine Burgruine. Schwalben segeln über dem Abgrund unterhalb der Mauern. Schaut man den Vögeln zu, wie sie durch die Luft schweben, dreht sich einem der Magen um, wenn man sich ausmalt, es ihnen gleichzutun. Unten schmiegt sich das durchscheinend grüne Wasser in die weite Biegung der Bucht, hinter der Olivenbäume den steilen Hang überziehen. Sie

sind hoch und dunkelbraun. Ihre Stämme trennen wie Kohlestiftzeichnungen das silbrige Grün der Blätter oben vom matten Grün der den Boden bedeckenden Farne.

Im Inneren der Burgruine bilden Pinien ein dichtes, schattiges Unterholz, in dem unzählige Zikaden zirpen. Unter den dicken Steinmauern des Bogengewölbes am Eingang ist es erfrischend kühl. Unzählige Schritte haben die Bodensteine geglättet, so daß sie wie vom Meerwasser poliert glänzen.

Obwohl es schon August ist, steht der Ort voller Blumen und dichtem Grün. Violettblauer Rittersporn blüht unter Kapernbüschen, und über rosarote Malven ranken sich weiße Winden. Eine große, dicke Eidechse verschwindet in einem Wermutbusch. Im gefleckten Sonnenlicht der Blätterdächer tanzen weiße und blaue Schmetterlinge. Ein seltsamer Strauch, vielleicht ein Wolfsmilchgewächs, trägt grüne papierwandige Laternen mit weichen Stacheln. Ameisen, die es, wie Peter meint, nach süßen Ausscheidungen gelüstet, krabbeln darauf herum.

Eingesunken in einer Mulde neben den Pinien liegt die Apsis einer byzantinischen Kirchenruine im Unterholz, auf den zerbröckelnden Steinmauern finden wir noch Spuren sepiafarbener Malerei. In einer Nische brennen in zwei Blechnäpfen Öllichter vor den Ikonen des Heiligen Konstantin und des Heiligen Eleni. Manche der zwischen Schutt und Föhrennadeln herausschauenden Kanonen sind wie in Erwartung eines Feindes, der niemals kommt, immer noch aufs Meer gerichtet. Heute setzen nur Boote voller Urlauber von den Ionischen Inseln über. Es wimmelt in den Straßen unterhalb der Festung von Menschen wie auf den Papierlaternen von Ameisen. Die Stadt ist für die Leute so anziehend wie für die Ameisen süßes Wolfsmilchsekret.

Der Strauchige Gomphocarpus (Gomphocarpus fruticosus) zieht Ameisen an. Er wurde einst aus Afrika eingeführt und hat sich im gesamten Mittelmeerraum ausgebreitet.

Über der Ruine der Burg von Parga jagen Rötelschwalben nach Insekten. Im Vordergrund blühen Kapern und Feld-Rittersporn.

Der See von Ioannina

Im Süden der Zagori-Dörfer mit ihren Steinhäusern lehnt sich der Mitsikeli rücklings an den See von Ioannina. Der See, der von in Kaskaden über die berghohen Felswände sprühenden Wasserfällen gespeist wird, ist an die zehn Kilometer lang und drei bis vier Kilometer breit. Die Stadt Ioannina liegt auf einem Vorgebirge des Westufers. Von Kalithea aus gesehen, bilden die Dome und Minarette der Altstadt an der gegenüberliegenden Schmalseite der blanken Wasserfläche und die breiten Schilfgürtel am sumpfigen Ufer eine Szenerie, wie man sie eher in Nordostgriechenland antrifft.

Auf einer erhöhten Landstraße ist ein Mann im Begriff, Schilf zum Korbflechten zu schneiden. Das zum Trocknen ausgebreitete Rohr sieht aus wie dünne Porreestangen. Ein schwarzes, flaches Boot liegt vertäut im klaren, von Seerosen übersäten Wasser eines Nebenarms. Am Ufer stehen Weiden und Blutweiderich. Girlan-

den von weißen Winden schlingen sich über blaßblaue Wicken. Dann und wann ist im Schilf verborgen ein Plumpsen zu hören und das Gepiepse von Vögeln. Bläßhühner machen sich plötzlich mit Gezänk bemerkbar. Aufrecht und achtsam sitzt ein Eisvogel auf einem Schilfrohr, das sich unter seinem Gewicht zu einem anmutigen Bogen krümmt. Möwen, Rohrdommeln und Reiher fliegen über das Wasser zur Insel. Hier fragen wir die einzige Nonne des Klosters, ob es auf der Insel immer noch das Waisenhaus gibt. Im Winter 1963, als das Wasser des Sees so grau und unbeweglich dalag wie ein Stahlschwert, machten wir uns angesichts der Kinder, die unter den Platanen spielten und der Babys in ihren Kinderbettreihen Gedanken über eine Adoption. Jetzt, sagt sie, sei hier ein Kindergarten. „Heutzutage arbeiten die Mütter. Sie bringen ihre Kinder am Morgen her und sammeln sie abends wieder ein.“

Über dem aus der Entfernung grauen Schilfband zeichnen sich die Umrisse zweier Moscheen ab, die von hohen Minaretten überragt werden. Die Stadt ist seit unserem letzten Besuch auf die doppelte Größe angewachsen. Auf der nördlichen, ebenen Seite des Sees, wo man das Land für den Ackerbau trockengelegt hatte, wurde ein Flughafen errichtet.

Auf der Terrasse steht ein Wasserbecken mit Forellen von einer Fischfarm, Karpfen und ineinander verknäuelten Aalen. Eine große Gruppe französischer Touristen drängt sich aus einem Boot und steuert geradewegs auf die Taverne zu. Angeführt von einem Jacques-Tati-Typ mit einem lustigen Hut, bleiben sie in ihrer laut schnatternden Runde unter sich, so abgeschlossen und von ihrer Umgebung abgekapselt wie die Fische in ihrem Wasserbecken.

Der größte europäische Frosch ist der Seefrosch (Rana ridibunda).

Der See von Ioannina bietet trotz seiner zunehmenden Verschmutzung zahlreichen Vögeln Lebensraum. Die Zeichnung zeigt einen Teichrohrsänger (oben), einen Drosselrohrsänger (Mitte) und einen Mariskensänger (unten). Rechts unten erkennt man eine Wasserralle, die man weit öfter hört als sieht. Zwei Bläßhühner schwimmen aus dem Schilfgürtel heraus, darüber fliegt eine Zwergdommel.

Von Petusi nach Dodona

Westlich von Ioannina gibt es in den Bergen zwischen Dodona und Paramitia einen großen Platanenwald voller Schmetterlinge. Peter, der schon als achtjähriger Junge Schmetterlinge zu zeichnen begonnen hat, sucht zwischen den Bäumen nach den Tieren. Auf sein blaues Hemd, das am Boden liegt, setzt sich ein Bläuling, zeigt auffliegend das Himmelblau seiner Flügel und läßt sich dann, Pirouetten drehend, wieder auf der Hemdkragenspitze nieder.

Seine geschlossenen Flügel sind wie zierliche Fächer – mit winzigen schwarzen, weißumrandeten Punkten auf blassem Braun, umrandet mit einem roten Muster auf weißem Grund. Lange bleibt er so sitzen, drei, vier, fünf Minuten. Dann fliegt er auf die ausgestreckte Hand und saugt am Daumenballen.

„Ich habe einen erstaunlichen kleinen Feuerfalter entdeckt, wie ich ihn noch nie gesehen habe", sagt Peter, der für einen Augenblick zurückgekommen ist, „und

Auf dieser Doppelseite sind 13 der insgesamt 25 Schmetterlingsarten zu sehen, die wir in einem Platanenhain bei Petusi entdeckten. Oben der Große Waldportier (Hipparchia fagi) und die mit ihm verwandte Art Hipparchia aristeus.

Auf der Brombeerranke sitzen der Dickkopffalter Gegenes pumilio und der Zürgelbaum-Schnauzenfalter (Libythea celtis); darunter fliegend der Augenfalter Pseudochazara anthelea und der zu den Weißlingen gehörende Leptidea duponcheli; im Gras ein Kleiner Heufalter (Coenonympha pamphilus) und an der Blüte der Weißling Pieris ergane.

Auf der Distelblüte sitzt der Dickkopffalter Pyrgus armoricanus; rechts im Flug ein Eichenzipfelfalter (Nordmannia ilicis); in der Mitte links der Feuerfalter Heodes ottomanus. Rechts unten sonnt sich ein Dunkelbrauner Bläuling (Aricia agestis) und ganz unten ein Silbergrüner Bläuling (Lysandra coridon).

einen Brombeer-Zipfelfalter." Und wieder ist er weg, um Kleine Heufalter und Segelfalter zu beobachten, die in dem durch das Laub gefilterten Sonnenlicht über niedrigen Kermeseichen- und Weißdornbüschen an einem kleinen Fluß tanzen.

Wir fahren weiter in Richtung Dodona. Das herbstliche Nachmittagslicht fällt schräg durch die Blätterjalousien gelber Pappeln. Hecken und Zäune umrahmen grüne und ockergelbe Felder. Ganz ans Kopfende eines Tals schmiegt sich mit sonne- und schattengesprenkelten Steinen das Amphitheater, bis zu dessen obersten Stufen die Stimmen dreier Frauen dringen, die sich auf den Feldern im Tal nicht über das Beladen eines Esels einigen können. Die halbkreisförmigen Sitzreihen des Theaters, von denen einige abgebröckelt sind und so einzelne Blöcke stehen lassen, wirken von den dahinterliegenden Bergkuppen aus, auf denen Teppiche von Herbstgoldbechern blühen, wie die Tastatur einer Orgel. Man möchte mit dem Finger jeden Sitz wie eine Taste niederdrücken und das langgestreckte Tal mit aufrauschender Musik füllen.

Der Wächter in seinem Holzhäuschen am Eingang schläft. Es ist Ende Oktober, und der riesige Parkplatz ist leer. Wir nehmen einen jungen amerikanischen Anhalter mit, der schon seit dem frühen Nachmittag hier ist. Er findet Dodona so wildromantisch, wie er gehofft hatte, daß es sein würde, wir dagegen erkennen den Ort kaum wieder, so adrett und ordentlich sieht es hier aus. In unserer Erinnerung lag er auf einem kahlen Berghang, fern jeder Ansiedlung und baumlos. Die Zäune und Parkplätze sind seit unserem letzten Besuch errichtet worden – aber die Landschaft? Natürlich können Felder angelegt und Bäume gepflanzt worden sein, aber viele sind älter als 22 Jahre. Was für uns unverändert ist und was wir augenblicklich wiedererkennen, ist die Atmosphäre. Hätte der Schäfer, der das Orakel befragte, ob er der Vater des Kindes seiner Frau sei, Dodona an seiner Atmosphäre wiedererkannt? Und könnte dieser Schäfer ein Sarakatsan gewesen sein? Es gibt die Meinung, daß dieser Nomadenstamm, der, anders als andere Nomadenstämme, welche einen albanisch-griechischen Mischdialekt sprechen, ein reines Griechisch spricht, die Urbevölkerung des Landes darstellen könnte. Jetzt, gegen Ende Oktober, als sich auf den bewaldeten Hängen die Blätter des Perückenstrauches hochrot färben, ziehen die Sarakatsan von den hochgelegenen Sommerweiden ins Flachland, wo sie den Winter über bleiben. Die Schule in einem der Zagori-Dörfer ist geschlossen; die vier Schüler waren alle Sarakatsan, die erst wieder im Frühling zurückkehren. Die Bautätigkeit wird aufhören. Die jungen Männer, deren Maultiere Sand und Zement durch die engen Gassen schleppten, werden den Winter in Ioannina verbringen. „Was werdet ihr tun? Werdet ihr Arbeit finden?" Nikos zuckt unbekümmert die Achseln. „Vielleicht. Ich habe letzten Winter etwas gefunden."

Die Straßen in die westlichen Täler füllen sich mit den Hirtenfamilien und ihren großen Schaf- und Ziegenherden. Bis vor wenigen Jahren gingen sie zu Fuß: ein Strom von Menschen und Tieren, der sich westwärts bewegte. Heute zahlt die Regierung ein Drittel der Transportkosten, und zwischen den blökenden und meckernden Tieren rattern Lastwagen. Im Tiefland tauchen neben kleinen Backsteinhäusern neu erbaute Hütten auf: die alte und die neue Art des Hausbaus Seite an Seite.

Im Oktober öffnen sich am antiken Amphitheater von Dodona die Blüten des Herbst-Goldbechers (Sternbergia lutea).

Rendezvous in Kozani

Es gibt nur sehr wenige Städte in Griechenland, die einen Besuch überhaupt nicht lohnen. So gesichtslos die Häuser sein mögen, so ohne Charme der Hauptplatz und so düster und schmutzig die Randbezirke, es gibt doch immer irgend etwas Interessantes: eine nahe Ausgrabungsstätte, die umliegenden Berge, Seen oder Küsten, oder die Tatsache, daß hier eine Reise endet oder beginnt. Kozani ist eine dieser wenigen Städte, für die sich kein Grund zum Bleiben finden läßt.

Als wir uns an diesem Oktobernachmittag am Hauptplatz einfinden, schlägt es vom Kirchturm zwei Uhr. Seltsamerweise gibt es keine Caféhaustische, an die man sich setzen könnte, um zu warten. Ein näherer Blick auf das einzige Haus, wo so etwas eventuell zu finden wäre, genügt, um jeglichen weiteren Gedanken daran zu verbannen. Das Hotel, dessen Äußeres die Würde eines heruntergekommenen Adeligen hat, ist drinnen so düster und trübselig wie der Warteraum einer Leichenhalle. Eine Notiz über dem verlassenen Empfangsschalter besagt: „Bin im Restaurant nebenan." Das Restaurant nebenan sieht aus wie der zu besagter Leichenhalle gehörige Imbißraum. Männer sitzen einzeln an Tischen über Tiefkühlgerichte gebeugt. Überraschenderweise ist das Hotel belegt. Wenn wir sichergehen wollen, für das Wochenende zwei Doppelzimmer zu bekommen, müssen wir sie gleich bestellen. Wer in aller Welt möchte außer uns in Kozani bleiben?

Auf der Steinmauer auf dem Platz sitzt neben uns ein junges, blasses Mädchen, das ebenfalls wartet – aber worauf? Nachdem sie uns eine Süßigkeit angeboten hat, stellt sie uns sehr höflich die üblichen Fragen: Woher wir seien und wo wir Griechisch gelernt hätten. Sie selbst sei Griechin, fühle sich aber als Fremde. Sie sei in der Tschechoslowakei aufgewachsen. Sie und ihre Familie kehrten vor vier Jahren nach Kozani zurück. „Ich liebe das griechische Klima und die Landschaft, aber das Leben in der Tschechoslowakei ist fortschrittlicher." Sie wartet auf den Bus nach Ioannina, wo sie Philologie studiert. Vielleicht kam ihre Mutter oder ihr Vater im Zuge der *paidomasama*, des Verschickens von Kindern in kommunistische Länder, nach Beendigung des Bürgerkriegs ins Ausland – wie Vangelis und viele andere. Ihr Bus fährt ab, und die unbeantworteten Fragen beschäftigen uns noch eine Weile. In Griechenland wird man immer wieder daran erinnert, daß die Geschichte nicht stillsteht, und daß immer Menschen von der historischen Entwicklung betroffen sind. Schon das Wort „Historie" ist griechisch.

„Und sind ihre Freunde gekommen?", fragt uns Kulis später. Ja, sie kamen schließlich. Wir selbst waren um zwei Uhr mit dem Glockenschlag am verabredeten Ort, aber – „Ha!!" unterbricht Kulis. „Englische Zeit, ein englisches Rendezvous!" Wir haben auf Brian und Sue an vielen Orten gewartet, aber an keinem so unmöglichen wie in Kozani. Wie hatten die Stadt gewählt, weil sie auf halbem Weg zwischen Nordwestgriechenland und Xanthi liegt, wo die beiden einen befristeten Lehrauftrag angenommen hatten. Dies war ihre erste Erfahrung mit Griechenland, abgesehen von einem Urlaub auf der Mani. Aber sogar als Treffpunkt auf halbem Weg war Kozani – oder besser gesagt unsere Berechnungen – ein Fehlschlag. Die Anreise dauerte weit länger als erwartet, und was erwartete sie bei ihrer Ankunft, was für einen Eindruck von Griechenland hatten sie hier? Wir fühlten uns für den herumliegenden Abfall verantwortlich, für die öde Landschaft ringsum, für die verstopften Toiletten und winzigen Kleiderschränke im Hotel, für das Benehmen der anderen Gäste dort, einsamer Saisonarbeiter aus Saloniki, die im hiesigen Elektrizitätswerk arbeiteten. Als wir im Zimmer beisammen saßen, füllte sich das Treppenhaus langsam, aber vollständig mit dichtem, dunklem Rauch.

Das Nomadenvolk der Sarakatsan pendelt mit seinen Schaf- und Ziegenherden zwischen traditionellen Sommer- und Winterweiden hin und her. Die konischen Häuser haben ein Binsendach über einem Holzrahmengestell, und lange, ähnlich gebaute Hütten dienen als Lagerräume.

„Es ist nichts! Nichts!" drang eine Stimme von irgendwo unten herauf, als die Gäste wankend und dem Ersticken nahe zusammenliefen. „Es ist nur der Boiler. Keine Sorge." Nun, das war echt griechisch, wenn es auch eine Seite der griechischen Lebensart war, die rückblickend eher Lachen hervorrief. Es gab jedoch auch eine andere, die zu Bewunderung Anlaß gab. Auch darauf stießen wir bald.

An einem Laternenpfahl klebt ein verblichenes Museumsplakat. „Kann es das in Kozani geben?" wunderte sich Brian, als er das Foto eines interessanten, turmähnlichen Gebäudes mit vorkragendem, abgestütztem Obergeschoß sah. „Und kann das naturhistorisch heißen?", entzifferte er mit Hilfe seines Altgriechisch. Man konnte also in Kozani noch etwas anderes tun als warten und reden.

Aber das Museum war noch nicht fertiggestellt. Tischler hämmerten an Schaukästen, und Dekorateure sprühten Goldfarbe über in Marmor gravierte Namen. Wir waren im Begriff, enttäuscht wieder abzuziehen, als ein Mann erschien. In den folgenden zwei Stunden machte Konstantinos Siambanopulos einen Rundgang mit uns, der nicht informativer hätte sein können, wäre das Museum fertig eingerichtet gewesen. Er zeigte uns treppauf, treppab, was sich wo befinden würde: hier die Trachtenkostüme, dort die Nachbildung einer Straße. Im Keller sollten wir uns vorstellen, wie wir durch ein niedriges Gewölbe ins Erdinnere vordrangen, wo wir die Entstehung der Gesteinsarten sehen könnten. Das Museum würde ein Spaziergang durch die Geschichte sein, vom Beginn der Zeit bis heute, und im besonderen die Geschichte der Leute von Kozani. Seit achtzehn Jahren beschäftigt sich dieser hiesige Lehrer, der jetzt in Pension ist, mit dieser Idee und ihrer Verwirklichung. Er führt uns in mit ausgestopften Vögeln und Säugetieren, mit Steingut und Flinten angefüllte Lagerräume; all dies hat er in vielen Jahren gesammelt oder andere dazu angeregt. In den Uferbänken des Aliakmon hat er Belege gefunden, daß hier Menschen in prähistorischer Zeit Jagd auf Tiere machten, die an den Fluß zur Tränke kamen. Schier überwältigend ist auch die Fülle an Landestrachten. Als er mit seiner Sammlung begann, kostete ein Kostüm vielleicht 2000 Drachmen; heute, wenn überhaupt noch eines aufzutreiben ist, kann es 100000 kosten. Auffallend schön sind vier Kleider der Sarakatsan aus schwarzweißem, gemustertem Stoff, die besonders kunstvoll gearbeitet sind.

Die Bau- und Ausstattungskosten des Museums betrugen dreißig Millionen Drachmen. Davon sind nur fünf Millionen Staatsgelder, der beachtliche Rest ist durch Privatspenden zusammengekommen. Die goldbesprühten Namen in der Eingangshalle sind die der 800 Stifter, lauter Ortsansässige. Wird das Museum einmal eröffnet sein, gibt es für viele Reisende einen Grund, um nach Kozani zu kommen. Und uns hat unser Aufenthalt einen Menschen beschert, der – wie Antipas von der Griechischen Naturschutzgesellschaft und wie Tsakarides aus Stavrupolis – von einer leidenschaftlichen Begeisterung für eine Sache erfüllt ist. Konstantinos zeigte uns einmal mehr, daß jeder Winkel Griechenlands für eine Überraschung gut ist.

Die aasfressenden Schakale verlassen nachts zur Nahrungssuche die Deckung am Rand der Wiesen und Äcker. Nach Größe und Farbe nehmen sie zwischen dem Wolf und dem Fuchs eine Mittelstellung ein.

In dichtbewaldeten Gebieten gibt es noch häufig Wildschweine. Der Keiler ist mit Ausnahme der Fortpflanzungszeit ein ausgesprochener Einzelgänger, während die Bachen mit ihren charakteristisch gestreiften Jungen, den Frischlingen, in kleinen Gruppen zusammenleben.

Die Ionischen Inseln

Das Mittelmeer zwischen der Südspitze Italiens und der Westküste Griechenlands heißt seit dem 6. Jahrhundert v. Chr. Ionisches Meer. Aber erst im Jahre 1800 gab ein russischer Beamter, der die der Westküste Griechenlands vorgelagerte Gruppe verstreuter und ungleichartiger Inseln unter einen Hut zu bringen versuchte, ihnen den Namen Ionische Inseln. Wenn man diese Bezeichnung zum erstenmal hört, könnte man annehmen, sie lägen bei Ionia an der türkischen Küste, oder es bestünde ein Zusammenhang mit den Ioniern von Attika und dem Ionischen Baustil. Aber das Meer und die Inseln heißen so nach der Göttin Io und werden mit einem griechischen *Omikron* geschrieben, nicht wie Ion, der Stammvater der Ionier, mit *Omega*.

Und doch möchte man meinen, die Namensgleichheit habe auf die Inseln abgefärbt. So wie der Schaft einer ionischen Säule länger und schlanker ist als der einer dorischen, so sind die Olivenbäume auf Korfu höher und anmutiger als die in der Ebene von Amphissa auf dem Festland – es sind einfach ionische Stämme, keine dorischen. Ja, während der dorische Baustil etwas männlich Schönes an sich hat, besitzt der ionische eine weibliche Eleganz; und die dichtbewaldete und saftig grüne Landschaft der Ionischen Inseln strahlt etwas Weibliches aus im Vergleich zur Herbheit der schroffen und kahlen Berge der Kykladen.

Es regnet hier mehr als überall sonst in Griechenland. Während der durchschnittliche Jahresniederschlag in Athen 400 mm beträgt, liegt er auf Korfu bei 1140. Aufgrund der starken Regenfälle in den Wintermonaten und des feuchteren Sommerklimas bleibt die Vegetation auf den Inseln das ganze Jahr über grün. Viele Hügel sind dicht mit einer hohen Macchie aus immergrünen Büschen bedeckt, aus dem hie und da die schlanken Kegel der Zypressen ragen. Unter Olivenbäumen ziehen sich Teppiche von Blumen durch grüne Wiesen, und sogar im Sommer herrscht überall auf den Inseln eine üppige Vielfalt. Der reiche Pflanzenwuchs lockt zahllose Insekten an, die wiederum eine große Zahl von Vögeln und die verschiedensten Säugetiere ernähren. Wenn von Kephallinia die Schakale auch vor einigen Jahren verschwunden sind, so findet man sie noch auf Korfu, ebenso wie viele Füchse, Hasen und Kaninchen. Auch auf Schildkrötennester kann man an einsamen Stränden stoßen, und an den westlichen Felsküsten tauchen manchmal die runden schwarzen Köpfe von Mönchsrobben auf wie „Melonen“ in der Londoner Innenstadt.

Oben: ein Zypressenwald bei Fiskardo auf der Insel Kephallinia.

Unten: ein Olivenhain in der Nähe der Andinioti-Lagune an der Nordküste Korfus.

Seite 120: ein Segelfalter und ein Hauhechelbläuling an einem der bewaldeten Hänge von Korfu.

Korfu

Sümpfe und Streifen offenen Wassers wie an der Andinioti-Lagune sind ein idealer Lebensraum für den Stelzenläufer.

Jenseits der Andinioti-Lagune, über der man einen Reiher mit seinen Flügeln nach auf- und abschießenden Schwalben schlagen sieht, zieht sich ein Weg zum nördlichsten Punkt Korfus. Das Land ist flach und einem Heidemoor ähnlich. Dunkel verfärbte Farne, dürres Brombeerdickicht und Schlehdorn mit kirschgroßen Früchten wuchern über kantige graue Felsbrocken. Eine Haubenlerche, die sich hie und da nach ihren Verfolgern umdreht, hüpft und flattert vor uns den roten erdigen Pfad entlang. Niedrig über dem Boden fliegt sie immer ein Stückchen weiter und wartet dann wieder. Plötzliche Feuchtigkeit steigt über der Landspitze auf, und Dunstschleier ziehen vor der tiefstehenden matten Sonne über die graue Brandung herein. Breite, mit Seggen bewachsene Streifen trennen die schnurgerade in Reihen gepflanzten Pinien. Die Zweige hoher Eukalyptusbäume wippen in den Dunstschwaden. Friedlich und still liegt die Landschaft da wie eine andere Welt; als wäre Prosperos Zauberkraft noch ungebrochen. Seine Lerche hat uns zu einer grauen, sieben Meter hohen Steinmauer geleitet. Auf dem verfallenen Platz dahinter haben Pinien, Eukalyptus und Feigenbäume die Grundmauern gesprengt. Seggen schauen zwischen den Brocken grauer Steinhaufen hervor.

Aus den Spalten einer steilen Treppe, die nirgendwo hinführt, wachsen Königskerzen. Auf der obersten Stufe sitzt, gleich einem glänzenden Dandy im maßgeschneiderten Anzug, eine junge Heuschrecke: Auf dem Kopf erkennt man ein beiges Rechteck, die Vorderbeine sind von leuchtendem Smaragdgrün mit einer feinen schwarzen Linie, und die hellgrünen Mittel- und Hinterbeine sind ebenfalls mit einer ähnlichen schwarzen Linie geziert. Die haarfeinen Fühler bewegen sich suchend nach allen Richtungen, als sträubten sie sich vor dem Abgrund der Stufe. Vom Schwanzende aus sieht der Legebohrer wie eine Kralle aus.

Trockene Brandkraut-Sträucher drängen sich um den gewölbten Eingang zu einer verfallenen Olivenpresse. Zwischen den riesigen Pfosten, die einst den mächtigen Stein drehten, windet sich ein Feigenbaum, und seine Blätter bilden einen Baldachin, wo die gebrochenen Balken vormals ein Dach hielten. In einem verschlossenen Gebäude liegen Rollen von Olivennetzen. Vor einem anderen steht ein Tisch, der mit einem schmuddeligen Wachstuch bespannt ist. Inmitten dieses von Mensch und Natur geschaffenen Durcheinanders befindet sich eine Kirche. Der steinerne Portalbogen über dem frisch gefirnisten Holztor ist reich verziert. Bienen haben in den Schnörkeln Nester gebaut, terrakottafarbene Sandkegel mit winzigen runden Grübchen oben.

In der Ferne schlägt das Meer rhythmisch an die Felsen der Landzunge. Ein paar fette Schafe weiden unter einer Gruppe anmutiger Eukalyptusbäume. Nur die geheimen Botschaften der Vögel und Insekten durchbrechen die Stille.

Die Nebelfetzen wehen jetzt aufs Meer hinaus, und in der untergehenden Sonne schimmern ein paar verstreute Wolken wie Perlmutt. Blaßblau und mit gischtigen Rändern plätschern die Wellen an eine schwarze Felsbarriere. Die von dunkelgrünem Riedgras umrandete Landspitze zeichnet sich nun deutlich ab. Hinter den grauen Steinmauern des befestigten Gehöfts hebt sich eine zarte Linie taubengrauer Berge gegen einen Himmel ab, der die Farbe von Drosseleiern hat. Einen Augenblick später verzieht sich der Nebel von den Uferrändern, und in weiter Ferne tauchen verschwommen die Formen der Berge Albaniens auf. Prosperos Gehöft ist der Welt wiedergegeben.

Scharen von Dohlen säubern rundum die Ufer der Lagune. An heißen, windstillen Tagen sinkt der Wasserspiegel des durch die enge Rinne vom Meer eindringenden Wassers, und die in der Lagune mit Netzen gefangenen Fische sterben an Sauerstoffmangel. Das ist ein Verlust für diejenigen, die hier die Fischereirechte gepachtet haben. Das Kilo Meeräschen bringt 600 Drachmen, Barsche 900. Die Männer waten ins hüfthohe Wasser, schaufeln die toten Fische heraus und werfen sie ans Ufer, wo sie ein gefundenes Fressen für die Graureiher und Dohlen sind.

Bei Einbruch der Nacht verlassen die Dohlen die Lagune und fliegen zu ihrem Schlafplatz, einer geräumigen, in einem Hochtal der Ausläufer des Pantokrator versteckt gelegenen Höhle. Stathis aus dem Dorf Lutses zeigt uns den Weg dorthin. Er hofft, daß eines Tages jemand über die Höhle schreiben und sie der Welt bekanntmachen wird. In seiner Phantasie sieht er busweise Touristen eine gewundene Asphaltstraße hinauffahren, die sich, nachdem sie die Höhle bewundert haben, in seinem Dorf mit Getränken erfrischen und Andenken kaufen. Die Höhle ist es wert, verspricht er. Königskerzen mit halbverwelkten, wie angeknabberte Maiskörner am hohen Stengel sitzenden gelben Blüten säumen den Weg. Stathis macht uns auf wilden Spargel aufmerksam und sagt, die Wurzeln schmeckten gut. Auf den steinigen Hängen stehen ein paar kleine Eichenbüsche und Judasbäume mit untertassengroßen Blättern zwischen den trockenen Gräsern und Disteln. Ein einzelnes schwarzweißes Lamm auf einem abbröckelnden Mäuerchen schaut neugierig herüber, und im Schatten einer Steinhürde weiter unten drängen sich ein paar Schafe. Es gibt in Korfu nur wenige Ziegen, sagt Stathis, weil alle Leute weggezogen sind.

In einer Kurve verläßt er den Weg, und wir gehen auf die Felsen zu. Entlang der Bergschulter senkt sich der Boden in einer runden Mulde von etwa 200 Metern Durchmesser. Stathis zeigt auf einen entfernteren steinigen Hügel: „In alten Zeiten

Die Haubenlerche lebt gewöhnlich in trockenen offenen Landstrichen, wo man sie öfter im raschen Lauf als im Flug zu Gesicht bekommt.

Stellzäune aus Bambus und Holzstangen halten die Fische zurück, die aus dem Meer in die Andinioti-Lagune schwimmen.

gab es da oft Licht und Musik, und Nereiden und *kalikantzares* spielten Geige. . ." Zur Sohle dieser Mulde hin öffnet sich halbmondförmig ein dunkler Spalt. Der Weg zur Höhle führt steil abwärts. Da und dort huschen winzige Schlangen über einen Felsen, und weiter unten liegt zusammengerollt ein Igel. Unter dem Überhang wird der Boden abschüssig. Stathis stößt Entzückensschreie aus, die Zustimmung für den Anblick heischen. Aber die Höhle wird dem Maß seiner Begeisterung nicht ganz gerecht. Er freilich ist nicht zufrieden, bevor nicht das Notizbuch gezückt wird und sein Name sowie der der Höhle aufgeschrieben sind. Dann entspannt er sich im Vertrauen darauf, daß die Fuhren von Touristen bereits unterwegs sind. Als Peter, der vorausgeht, in der Höhle wie ein blaugekleideter Zwerg verschwindet, wird man sich erst ihrer wahren Größe bewußt. Am Eingang hängt an einer Stange ein verblichenes rotes Tuch, um die Füchse von den Ziegen fernzuhalten, die hier im Winter untergebracht werden. Wie es da so schlaff hängt, ist es ebenso dazu angetan, Füchse zu erschrecken wie Geige spielende böse Geister – gegen die es wohl in Wirklichkeit helfen soll.

Der Abstieg ist steil und schlüpfrig, und man geht auf weicher Erde und etwas, das Guano wäre, hätten es Seevögel dort abgelagert und nicht Ziegen. Stathis erzählt, daß im Krieg das ganze Dorf hier Schutz vor Bomben gesucht habe. Stalagtiten hängen von der Decke und es tropft. Am dunklen, glitschigen Boden wachsen Farnkräuter – Hirschzunge und Frauenhaar. Weit hinten am Eingang erinnert ein keilförmiges Stückchen Himmel daran, daß draußen Tag ist.

„Die Höhle müßte beleuchtet sein!" schreit Stathis, indem er auf die Stalagtiten zeigt. Doch die Atmosphäre und das Mysteriöse einer Höhle kommen gerade von ihrer geheimnisvollen Dunkelheit, ihrer Stille und Uneinsehbarkeit; ein zartes Stimmungsgespinst, das schon ein einzelner Führer zerstören kann. Wenn Megali Grava beschildert und erhellt wäre und wenn man ohne Fußmarsch dorthin gelangen

Die Dünen-Trichternarzisse (Pancratium maritimum) entfaltet ihre Blätter und Blüten während der heißesten Zeit des Jahres.

Links: die Andinioti-Lagune mit den Vorbergen des Pantokrator

Rechts: An der Nordspitze Korfus steht diese verfallene Olivenpresse.

Spötter, Grasmücken und andere Sänger

Die Stimmen vieler kleiner Singvögel hört man häufig aus der dichten Deckung der Olivenhaine, aus der Macchie oder aus Schilfgürteln heraus, ohne die Sänger selbst zu sehen.

Der Cistensänger (Cisticola juncidis) bewohnt Sümpfe und dichtbewachsene Ufer.

Den Olivenspötter (Hippolais olivetorum) erkennt man optisch an seinem verhältnismäßig kräftigen Schnabel und der hellen Unterseite.

Die Orpheusgrasmücke (Sylvia hortensis) besitzt einen charakteristischen weißen Augenring.

Die Maskengrasmücke (Sylvia ruepellii) unterscheidet sich von den übrigen Singvögeln des Gebiets durch den schwarzen Kopf und die schwarze Kehle.

Die Sperbergrasmücke (Sylvia nisoria) trägt ihren Namen wegen der, ähnlich wie beim Sperber, eng quergebänderten Brust- und Bauchzeichnung.

könnte, was bliebe von der Höhle anderes übrig als die Tatsache ihres Vorhandenseins?

Die außergewöhnliche Schönheit der Natur, die steilen bewaldeten Hänge, die Inseln und Buchten Paläokastritsas gibt es immer noch, aber der Zauber ist verschwunden unter der Masse der Touristen. Steigert eine schöne Umgebung die Freude am Volleyballspiel, am Windsurfen, Wasserskifahren und Drachenfliegen? Oder gehört das einfach dazu, wie Sonne und Meer? Sollten erhabene, schöne Plätze schwer erreichbar bleiben, damit nur die, die sie wirklich schätzen, die Mühe auf sich nehmen, hinzugelangen? Das wäre im Zeitalter der Düsenflugzeuge und des Massentourismus zweifellos ein zu elitärer Standpunkt – und wie angenehm ist es, schnell und bequem zu reisen. Und ohne Stathis als Führer hätten wir den Weg zur Höhle wohl nicht gefunden.

Die weiße staubige Straße in den dichten Oliven- und Zypressenwald hinaufzusteigen ist wie eine kalte Dusche. Hoch oberhalb der St.-Georgs-Bucht an der Nordwestküste von Korfu wird der Blick auf das Meer und den fernen Strand, auf das grüne Hinterland und die zackigen Linien der umliegenden Berge zu einem Gemälde in einem perfekten Rahmen aus schwarzen, wie Nägel in einem Fakirbett aufragenden Zypressen. Steile Terrassen voller Olivenbäume sind mit Farnen,

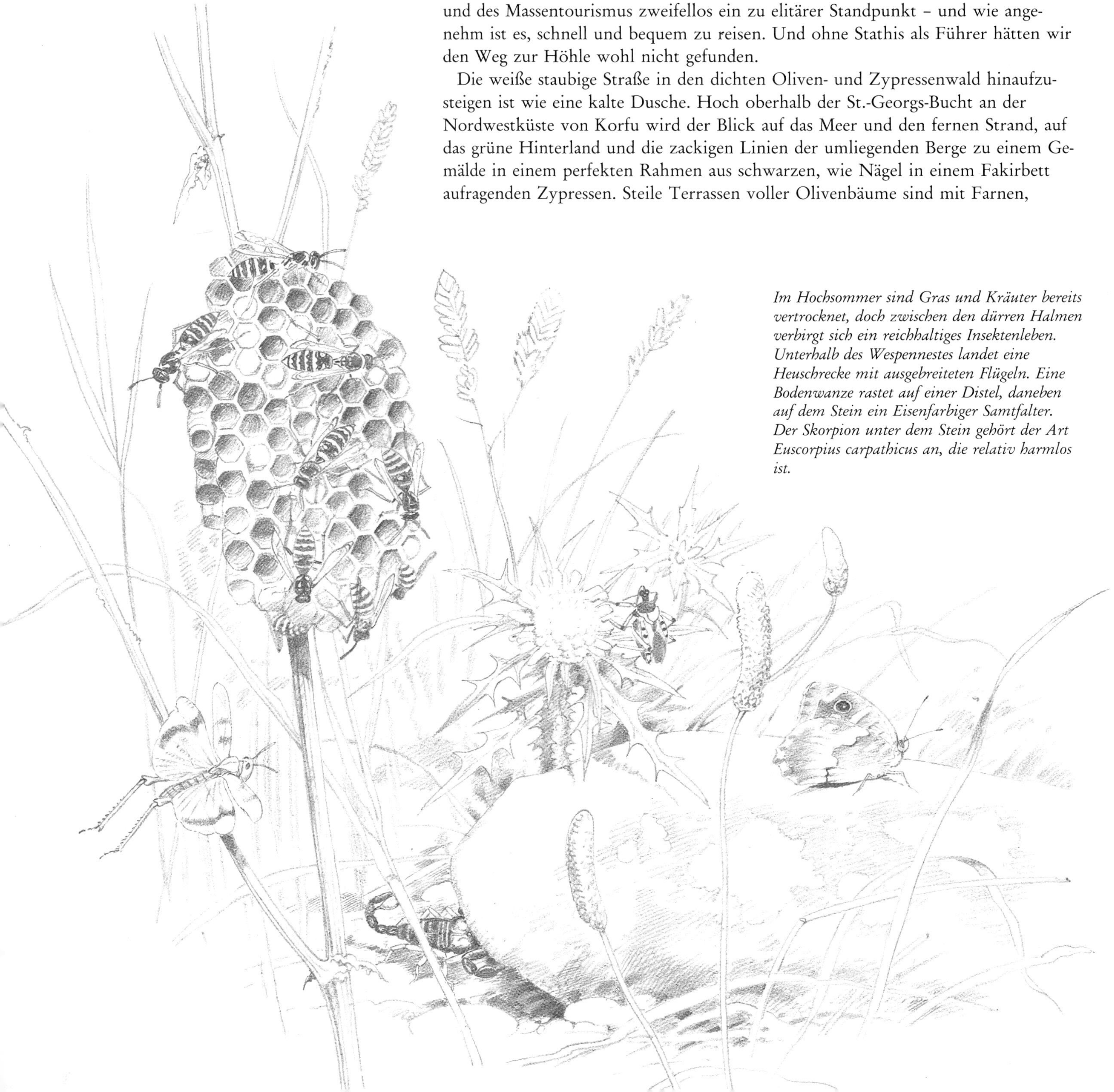

Im Hochsommer sind Gras und Kräuter bereits vertrocknet, doch zwischen den dürren Halmen verbirgt sich ein reichhaltiges Insektenleben. Unterhalb des Wespennestes landet eine Heuschrecke mit ausgebreiteten Flügeln. Eine Bodenwanze rastet auf einer Distel, daneben auf dem Stein ein Eisenfarbiger Samtfalter. Der Skorpion unter dem Stein gehört der Art Euscorpius carpathicus an, die relativ harmlos ist.

Brombeerdickicht und Kapernbüschen bestanden. Tief unten liegt in weitem Bogen ein rosiger Sandstrand. Das Meer ist gerade noch zu hören. An der entfernteren Seite der Bucht fällt das Land in einer zackigen Linie zu einem zweigipfligen Vorgebirge ab. Blaßgolden versinkt die Sonne im silbrigen Meer. Dann und wann unterbricht der Ruf eines Kolkraben hohl das tausendstimmige Zwitschern der Vögel in den Bäumen, und von Zeit zu Zeit macht sich eine einsame Zikade bemerkbar.

Fährt man mit dem Auto durch Korfu, wird die Insel zu einem Irrgarten: Die Straßen winden sich um lauter kegelförmige, dicht mit Oliven und Zypressen bestandene Hügel, an deren Hängen Dörfer liegen. Ihre von der Sonne gebleichten Ziegel sehen von weitem wie Stapel auseinanderrutschender Karten aus. Das Land ist so dicht bewaldet, daß kaum irgendwo ein Durchblick möglich ist; so verliert man leicht die Orientierung. Im Nordosten weist die Insel einen höheren Buckel auf, aber der Pantokrator ist kein einzelner Berg, sondern eine Reihe zunehmend kahlerer und abweisend felsiger Erhebungen, von denen jede den Nachbarn zurückdrängen und ausstechen zu wollen scheint. Auf der höchsten Spitze schließlich steht eine winzige, reich mit Fresken geschmückte Kirche unter dem Eisenmast einer rot-weißen Fernsehantenne. Von diesem günstigen Aussichtspunkt nimmt die nördliche Hälfte der Insel Gestalt an, und die Windungen bekommen einen Sinn. Touristen kleben an den Stränden wie Kinder an Mutters Schürzenzipfel, und ununterbrochen kurven Busse, Autos und Motorräder um die Hügel, um von einer Küste an die andere zu gelangen.

Dank seiner mit Saugballen versehenen Zehen kann dieser Europäische Halbfinger, der zu den Geckos gehört, an glatten Oberflächen und sogar an Decken entlanglaufen.

Eine Wasserjungfer aus der Familie der Segellibellen, daneben auf einer Distel in der Mitte des Bildes eine Baumwanze. Bei den beiden Schmetterlingen handelt es sich um einen Segelfalter (links) und einen Dunkelbraunen Dickkopffalter (Pyrgus fritillarius).

Lefkas

Die Wechselkröte (Bufo viridis) kommt bei Dunkelheit gern in die Ortschaften, um im Lichtkegel einer Straßenlampe oder eines offenen Fensters Insekten zu jagen.

Unentschlossen wie ein junger Bursche, der von zu Hause fort will und den es doch dort hält, zieht Lefkas mit einem Streifen Sand und Sumpfland im Nordosten parallel zum Festland, der Landschaft Akarnania. Dort überschwemmt das Meer den Sand und bildet eine breite Lagune von nur etwa einem Meter Tiefe, die Lefkas zur Insel macht, die nur über eine Brücke oder mit dem Boot zu erreichen ist. Ein Kanal, der vermutlich von korinthischen Siedlern im 7. Jahrhundert vor Christus angelegt worden war, war im Jahr 427, als nach Thukydides die Peloponnesier ihre Schiffe durch die Enge von Lefkas transportieren mußten, bereits versandet. Seither hatte jede Besatzungsmacht – Römer, Venetianer, Türken, Russen, Engländer und später die Griechen sich mit dem Problem auseinanderzusetzen, indem sie entweder die Fahrrinne vertieften oder Dämme und Brücken bauten. 1905 baute die griechische Regierung den Schiffskanal von Lefkas, der vier Kilometer lang ist und regelmäßig auf eine Tiefe von fünf Metern ausgebaggert wird. Schiffe können jetzt leicht hier durchfahren, und zwei Fährbootunternehmen, die den schmalen Kanal überqueren, verbinden das Festland mit der Insel.

Solch ein Gebiet mit Sandbänken, Sümpfen und Lagunen und den dort lebenden Pelikanen und Kormoranen würde man eher auf dem Festland als auf einer Insel vermuten. Die Meerenge, wo Salzpfannen an der flachen Küste weiße Felder bilden, könnte man für einen Binnensee halten, wären da nicht die unterhalb der Klippen von Akarnania vertäuten Leiber einiger rostiger Tanker. Aber kaum verläßt man diesen nordöstlichen Winkel und die reizvoll verkommene Stadt Lefkas, ist der Inselcharakter wieder überall vorherrschend.

Die zur Landesmitte hin immer höher werdenden bewaldeten Berge gipfeln im Berg Ilias, auf dessen höchstem Punkt eine Kirche steht. Auf einem Berggrat darunter drehen sich die riesigen Teleskopantennen einer großen Radarstation ost- und westwärts. Zwischen den Terrassen und Mauern sind gerade ein paar runde Windmühlruinen sichtbar. Man erwartet in dieser Höhe auf so kargem Boden gar keine Pflanzen, und doch säumen die geschwärzten Stengel vorjähriger Königskerzen die Wege, blühen da und dort Gänseblümchen und Storchschnabel, und überall verstreut liegen wie rosa Konfekt verwelkte Mandelblüten, lichte Schleier, die die Schärfe der Landschaft mildern. An der Westseite des Kammes wird auf einem flachen Plateau Landwirtschaft betrieben. Männer – ihre angebundenen Esel in der Nähe – beschneiden die knorrigen, verkümmerten Weinstöcke, die in diesem steinigen Boden wachsen. Daneben gibt es auch Parzellen, wo Jahrhunderte hindurch mühevoll die Steine entfernt wurden, und wo jetzt Weizen grünt.

Tief unten liegen Wiesen mit Tupfen von weißen Gänseblümchen und blauem Ehrenpreis. In Wolken von bonbonrosa Blüten stehen Mandelbäume zwischen schwarzen schlanken Zypressen.

Die fernen Hügel, die die Sicht auf das Meer verdecken, sind an dieser Westflanke kahl und grau wie Elefantenhaut.

Im Dorf gehen Gruppen kleiner Kinder mit Blumenkörbchen von Haus zu Haus, singen Osterlieder und sammeln Geld. Es ist eine Woche vor Ostern.

Nachts hört man in der Bucht von Nidri Zwergohreulen rufen. Die Pausen zwischen ihren eintönigen Rufen sind wie Intervalle von Leuchtturmsignalen, und aus dem Schilf am Rand eines Flusses, der hier ins Meer mündet, quaken drei Frösche gleichsam eine Antwort.

Kleine Hügel überragen da und dort die staubig-grünen Olivenbäume – fast ein Spiegelbild der Inseln, die in der Bucht wie Häufchen pudrigen Krauts in einem

Am Westhang des Berges Agios Ilias entfaltet sich in der Frühlingssonne eine reiche Blütenpracht.

Dieser Olivenhain an der Bucht von Nidri verwandelt sich alljährlich im Frühling in ein einziges großes Blütenmeer. In einem blühenden wilden Birnbaum singt eine Weißbartgrasmücke, und ein Osterluzeifalter genießt die wärmenden Strahlen der Frühlingssonne.

Teller blauer Milch liegen. Oberhalb der Wasserlinie sind gerade noch die roten Dächer von Nidri zu sehen und die Zypressen, die die Länge des Ortes markieren. Eine Kirchenglocke läutet zart, und entferntes Hämmern und Klopfen zeigt die Richtung der weiter entfernt liegenden Schiffswerft an.

Die gesummte Hintergrundmusik der Insekten unterbricht hin und wieder der Ruf einer Elster, der hohle Ruf eines Kuckucks oder das ferne Kikeriki eines Hahnes. Unter den Oliven wachsen Wicken, Klee, Löwenzahn und Gänseblümchen. Reihen von blaßviolettem Storchschnabel unterbrechen das Weiß, und himmelblauer Ehrenpreis liegt in runden Flecken unter dem anderen Kraut. Sternanemonen leuchten unter dem schattigen Dickicht aus Brombeeren und Terpentin-Pistazien, jede Blüte steuert eine andere Schattierung von Rosa, Lila und Blau bei. Die Terpentin-Pistazie beginnt gerade zu blühen. Sie trägt rostrote Blüten, die wie Kaviar aussehen und lebhaft mit den dunkelgrünen Blättern kontrastieren. Wie eine Braut breitet ein alter veredelter Birnbaum seine weiße Blütenkrone zwischen den Oliven aus. Wenn eine hauchzarte Brise die Zweige streift, regnen Blüten auf die Gänseblümchen nieder.

Der geisterhafte, pausenlos wiederholte Ruf der Zwergohreule ist an Sommerabenden ein sehr vertrautes Hintergrundgeräusch.

Doldiger Milchstern und wilder Knoblauch wachsen aus Felsspalten. An den Zitronenbäumen leuchten sonnige Früchte, und das Strauchige Brandkraut beginnt zu blühen. Durch eine glaslose Fensterhöhle in der verfallenen Steinmauer eines der hier liegenden verlassenen Gehöfte brechen die blühenden Zweige eines Judasbaums. Blaß orange- und sepiafarbene Ziegel liegen verschoben auf den durchhängenden Dächern, als würde sie die leiseste Berührung in Kaskaden abstürzen lassen. In einer grün überwucherten Ruine, von der nur die Grundmauern erhalten sind, steht angebunden ein struppiger, brauner Esel mit zotteligen dünnen Beinen. In die umliegende Ebene wird in Rinnen Wasser zwischen die Oliven- und Orangenbäume geleitet. Hirten hüten ihre kleinen Schaf- und Ziegenherden.

Hinter dem am Waldrand liegenden Dorf Vafkiri wird das den Berg herabfließende Wasser in ein Reservoir geleitet und ergießt sich rauschend in vier steinerne Waschtröge, deren Stirnplatten abgeschrägt sind, um daran die Wäsche zu schrubben. An heißen Sommertagen ist es eine köstliche Erfrischung, hier im Schatten der riesigen Platane am plätschernden Brunnen zu sitzen. Jetzt, im zeitigen Frühjahr, da alles grün ist und die Flüsse durch die Schluchten brausen, ist es ein stiller, in der Landschaft verlorener Platz. Die kahlen Zweige der Platane heben sich scharf und wie schnörkelige Schriftzeichen vom Himmel ab. Aus den Fängen eines Rötelfalken, der auf einem Telegraphenmast sitzt, baumelt der lange Schwanz einer großen grünen Eidechse. In der Sonne sieht der Vogel bis auf seine schwarzen Schwanzfedern fast nackt aus; er ist lohfarben wie ein Löwe. Mitten durch die Zypressen und das Dickicht von Mastix-Sträuchern und Terpentin-Pistazien führt ein grasiger Pfad zu einem kleinen Friedhof, wo zwischen den Gräsern große Horste weißer Iris blühen. Aus einem Spalt in der steinernen Fensteröffnung einer kleinen Kapelle wächst Löwenzahn, dessen Kopf, obwohl es noch früh im Jahr ist, schon zu einer Samenkugel geworden ist.

Sogar in der sengenden Sommerhitze ist Lefkas voller Blumen. Braune Schmetterlinge tänzeln über gelbem Hornmohn an den hohen weißen Westklippen, die der Insel ihren Namen gaben: *lefkos* bedeutet heute noch „weiß". Die Farben an dem langgestreckten Strand unterhalb wirken übertrieben wie auf einer Kitschpostkarte. Am Fuß der grellweißen Klippen zieht sich heller Sand zum opalgrünen Meer, über dem sich ein Himmel in tiefstem Blau wölbt, der am Horizont in einen Streifen dunkles Rosa taucht.

Die fruchtbare Ebene hinter der Bucht von Vassiliki, die durch stets gefüllte Kanäle bewässert wird, ist eine üppig grünende Oase. Von den Kieselsteinen am Weg, der von reifenden, von weißen Winden überwucherten Brombeerhecken gesäumt wird, bleibt Kalkstaub an den Fingern haften. Wie Lady Macbeth steht Peter unter einem Maulbeerbaum, die Hände von blutrotem Saft triefend. Blaßlila Skabiosen, Keuschbäume mit roten Blüten, hoher Wiesenkerbel, Lavendel, Klee und Flohkraut wachsen um ein goldenes Stoppelfeld, auf dem ein glänzend kastanienbraunes Pferd

Nicht weit von dem Dorf Vafkiri auf Lefkas fließt ein Fluß das ganze Jahr über eine steile Rinne hinunter. Sauberes fließendes Wasser ist noch immer kostbar in Griechenland, obwohl die meisten Dörfer jetzt an das öffentliche Leitungsnetz angeschlossen sind.

angebunden steht und mit seinem langen Schweif die Fliegen vertreibt. Hinter einem kurzgeschnittenen, pergamentfarbenen Wiesenstreifen befindet sich ein Maisfeld. Die Blätter der Weinstöcke daneben, offenbar kürzlich mit Kupfersulfat gespritzt, sind mit einer rauchblauen Schicht bedeckt. Elstern und Nebelkrähen streiten sich in den Bäumen. Klar und heiter erhebt sich in der Ferne der Stavrotas. Geröll rieselt in nackten Felsspalten herab, die im dunstig-rosigen Licht leicht und luftig wirken. Der Berg hat sich augenscheinlich der Hitze besser angepaßt als Jorgula, unsere Wirtin, deren Mann nicht will, daß sie moderne Kleider trägt.

Jorgula trägt die Alltagstracht von Lefkas in Flaschengrün: einen dunkel gemusterten Unterrock, darüber einen festeren schlichten Rock, den sie an einer Seite hochzieht und wie zu einer Turnüre nach hinten rafft. Ein fransiger Schal bedeckt Nacken und Brust und ist an einem bortenbesetzten langärmeligen Leibchen befestigt. Ein anderes braungrünes Tuch bedeckt anmutig ihren Kopf. Sie sagt, als wir sie bewundernd darauf ansprechen, das Kleid sei viel zu heiß und sie schwitze darin. Aber sie zeigt uns ihre besten Kleider, die sie mit 18 Jahren für ihre Hochzeit anfertigte. Die Kleider sind braun, königsblau und mitternachtsblau und aus Seide und Brokat. Um die gefältelten Röcke zu bügeln, braucht sie eineinhalb Tage. Sie geht mit ihren Kleidern sorgsam um, denn solche Seiden- und Brokatstoffe gibt es nicht mehr zu kaufen, und man findet auch nicht mehr goldene Borten in dieser guten Qualität.

Drei riesige Palmen stehen im eingefriedeten Hof eines schönen alten Bauernhauses, das über die Ebene schaut. Es sieht traurig in seinem Verfall aus. An einem zerbrochenen Deckenbalken hängt eine Fledermaus. Sie dreht ihren Kopf und verrenkt ihren kleinen Körper und flattert mit den Ohren wie mit Augenwimpern. Der Grundbesitzer, dem einst die ganze Ebene, in der Korinthen wachsen, gehörte, ist gestorben, und seine Frau ebenfalls. Die beiden erwachsenen Kinder sind verhei-

Oben: Quer über den Berghang, von dem aus Peter diesen Blick auf den Berg Stavrotas gezeichnet hat, verläuft heute die neue breite Straße nach Vassiliki.

Unten: Ziegen grasen im Hof eines alten Hauses unter prächtigen, hochgewachsenen Palmen.

Winden, Königskerzen, verschiedene Doldenblütler und die violetten Blütenstände des Keuschbaumes (Vitex agnus-castus) haben eine Biene, eine Azurjungfer und eine Zebraspinne angelockt. Im Vordergrund blühen Kugeldisteln, und links hat sich ein Laubfrosch versteckt.

ratet und besitzen eine Parfumfabrik in Athen. Hierher kommen sie nie. In den Sommermonaten kommt ein tauber Hauswart mit seiner Frau aus dem Dorf in den Bergen herunter, und sie leben hier mit ihren Tieren in den verschiedenen Hofgebäuden – beziehungsweise um sie herum, denn vieles spielt sich im Freien ab. Blankgeputzte Kochtöpfe stehen auf einem Brett auf einer Mauer. Die Speisekammer ist eine Platte auf Pfosten, die von Bambusblättern beschattet wird. Kübel mit Basilikum und Zitronenmelisse, Gartennelken und Salbei stehen entlang der Mauer. Die Frau in ihrer Tracht, mit braunem Kopftuch, Rock und Schürze, streut einem Hahn Körner hin. Während sie ihre Ziegen zu einem frischen Weideplatz unter einer Palme führt, redet sie mit ihnen, und zu dem kleinen braunen Kitz beugt sie sich ganz tief hinunter, um ihm zu erzählen, wie gut es hier schmeckt. Der Mann seinerseits flüstert seinem Esel etwas zu. Panagiotis und Dyonisia haben zufriedene Gesichter. „Wenn einer nie was anderes gehabt hat, ist er glücklich", sagen sie.

Überall in Griechenland blühen an trockenen, steinigen Stellen verschiedene Nelkenarten. Dies ist eine von ihnen, die Baum-Nelke (Dianthus arboreus). Ihr Hauptverbreitungsgebiet umfaßt Kreta und die Kykladen.

Kephallinia

Lefkas und Korfu sind feingliedrige, anmutig grün gewandete Inseln, Kephallinias Schönheit dagegen ist die einer etwas schwerfälligen Statue. Hauptstadt und Hafen liegen an der vom Festland am weitesten entfernten Küste. Mächtige Bergstöcke erschweren die Verbindung zwischen den Orten, und ein ganzes Gebiet ist vom Rest der Insel so durch das Meer getrennt, daß es buchstäblich eine weitere Insel bildet. Das wuchtige Massiv des Enos beherrscht die ganze südliche Hälfte, was den Autotouristen zu weiten Umwegen zwingt. Die Westflanken stürzen wie eine Rutschbahn zum Meer hinab, laufen dann aber an den untersten Klippen zu Terrassen mit Feldern, Dörfern, Zypressen- und Olivenwäldern aus. Die Insel hat mehrere von Bergen eingeschlossene Hochplateaus, wo Ackerbau möglich, aber mühsam ist; die Erde ist von Felsen und Steinen durchsetzt. Nur die Robola-Rebe gedeiht hier. Magerer Boden macht ihr nichts aus, und nichts ist ihr lieber, als ihre Wurzeln zwischen Steinen durchzuzwängen.

Die senkrecht abfallenden Klippen der Nordwestküste sind vielleicht die spektakulärsten in ganz Griechenland. Gänsegeier segeln über dem schwindelerregenden Abgrund. Wir merken erst, wie groß sie wirklich sind, als eine warme Luftströmung sie nahe herantreibt und auf einmal ein großer Schatten über unseren Köpfen schwebt. Die weiße Halskrause ist deutlich zu sehen, und die Sonne leuchtet auf der lohgelben Brust und den weitgespannten Flügeln, die mit ihren schwarzen Handschwingen aussehen wie die Finger verkohlter Handschuhe. Jetzt ein Steinmarder, ein Kaninchen, ein Hase oder eine junge Ziege zu sein, wäre fatal.

Vier Kolkraben kreisen über den steilen Felswänden des Enos. Ihre verschiedenartigen Rufe bilden eine Unterhaltung, die so traulich und zufrieden klingt wie das Gackern von Hennen beim Körnerpicken. Was finden sie an diesen kahlen Hängen zu fressen? Die Tannen an den höchstgelegenen Hängen stehen reglos und wie leblos da, ganz, als ob kein Wind jemals ihre wächsernen Nadeln zum Erzittern brächte. Es scheint unglaublich, daß sie sich aus dem felsigen Grund genug Nährstoffe holen können. Massig liegt die Insel unten; hie und da erkennen wir kleine bebaute Flächen auf Terrassen, wo seit Jahrhunderten sorgsam mit dem Boden umgegangen wird, den man, so gut es geht, von Steinen säubert. Die Hochebene, wo der heilige Gerasimos daheim ist, ist ein Teppich aus braunen, ockerfarbenen und grünen Rechtecken: Getreidestoppel-, Maisfelder und Weingärten. Auf einem anderen Hügel weiter unten deuten schemenhafte Umrisse darauf hin, daß es auch hier einst bebaute Felder gab, und ein Stück weiter wird man an den Grund dieses Verfalls erinnert: Hier liegen die Trümmer eines Dorfes, das vom Erdbeben des Jahres 1953 zerstört wurde. Es war schon immer schwer, auf dieser kargen Insel ein Auskommen zu finden, und die Verwüstung durch das Erdbeben war schließlich der Anstoß für die Bewohner, Kephallinia zu verlassen, um sich ein leichteres Leben in Australien, Amerika oder Deutschland aufzubauen. Jetzt ist Geld aus dem Ausland für den Wiederaufbau vorhanden – aber nicht, um das frühere Leben in den Inlanddörfern wieder aufzunehmen, sondern für eine neue Art von Leben, ein Sommerdasein am Meer.

Nahe am Gipfel des Enos, auf einem Gebirgsvorsprung, der den Blick nach Norden, Westen und Osten freigibt, steht das Gerippe eines vom Erdbeben zerstörten Hotels. Stimmen, die einander auf den Terrassen zurufen, dringen durch die über die Tannen heranziehenden Wolken zu uns, als wären es Stimmen von Hotelgästen aus der Zeit vor 1953. Unterhalb des Hotels fällt der Hang steil ab, bis er sich plötzlich zu einer fast flachen Lichtung weitet. Hier gaukeln Perlmutterfalter,

Waldportierfalter und verschiedene Augenfalter über die ungastliche Landschaft und geben ihr etwas Lebendiges. Im Frühling ziehen sich Blumenteppiche über diesen Flecken Erde, und sogar im August leuchten rosa Büschel von Federkopf *(Pterocephalus parnassi)* am steinigen Boden. Eine Tannenmeise landet auf dem toten Stamm einer Tanne, die wie andere abgestorbene Nadelbäume zwischen den grünen ausgewachsenen Tannen und dem struppigen Jungwuchs steht. Dies ist in der gesamten griechischen Inselwelt das einzige Gebiet mit einem ursprünglichen Wald, und Kephallinia gab dieser Nadelbaumart ihren Namen: *Abies cephalonica*, die Griechische Tanne. Obwohl die Atmosphäre etwas Geisterhaftes hat, ist dies ein lebendiger Wald, der sich unaufhörlich erneuert. Aus der Hotelterrasse brechen drei junge Bäume aus Spalten im Steinboden. Wird man das Hotel für Gäste, die sich am Wald erfreuen wollen, instandsetzen, oder wird der Wald vom Hotel Besitz ergreifen . . .?

Eine Landzunge, die südlich des Hafens von Fiskardo an einem tiefen Meeresarm liegt, ist zum Teil mit Zypressen bestanden. Hin und wieder wächst dazwischen eine Kermeseiche im Unterholz, das von Mensch und Ziege ungestört ein undurchdringliches Dickicht bildet. Die Stechwinde, der Erdbeerbaum mit seinen stacheligen Kugelfrüchten, Mastix-Sträucher, Terpentin-Pistazien und Zistrosen bilden einen verwilderten Waldgarten für Vögel und Schmetterlinge. Waldportiers und mehrere mediterrane Weißlingsarten flattern im Sonnenlicht über den flechten- und moosbedeckten Steinen. Unmittelbar am Meer klafft unter den bewaldeten Hängen ein Loch im Felsen, eine von der Brandung ausgewaschene Höhle. Sie ist durch Tunnels mit einer anderen verbunden, deren Ausgang sich weiter oben in den Klippen befindet. Auf dem überhängenden Dach der Höhle wachsen zwei Feigenbäume in kleinen Spalten, und zwischen gerade sichtbaren Anfängen von Stalagtiten grünt zarter Frauenhaarfarn.

Ein kleines Stück landeinwärts an der Bucht von Sami gähnt, versteckt im buschigen Hinterland, ein größerer Krater. Am Rand des etwa zwölf Meter tiefen Trichters stehen kleine Olivenbäume, deren Wurzeln sich in die steinigen Felswände krallen. Auf dem Grund glitzert klares blaues Wasser. Es ist Meerwasser, das sich von der Landzunge von Argostoli an der Westküste landeinwärts durch die Insel seinen Weg bahnt und hier an der Ostküste zutage tritt. Man hat durch den Berghang einen Schacht gegraben, der bis zur Sohle des Kraters führt. Zwei kleine Ruderboote fahren die Besucher rund um den Krater und dann unter einer niedri-

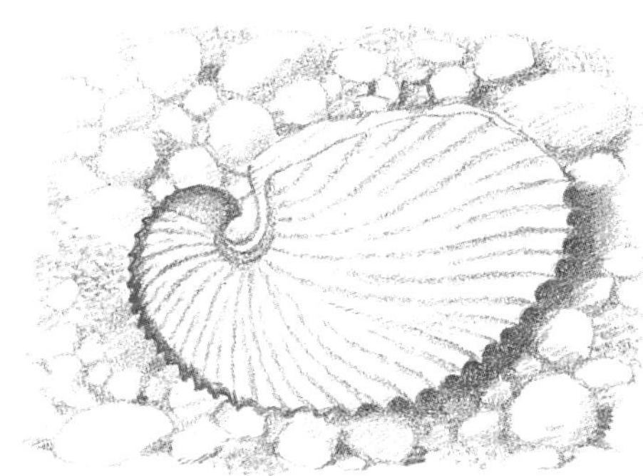

Das sogenannte Papierboot ist keine Muschel, sondern das ausgediente Nest einer Tintenfischart.

Links: Gänsegeier schweben über den Klippen von Kephallinia.

Die Griechische Tanne (Abies cephalonica) ist nach den Bäumen benannt, die hier, am Berg Enos auf Kephallinia, wachsen.

Eine ausgefärbte und eine junge Vierstreifennatter (Elaphe quatuorlineata). Die große Variationsbreite der Muster und Zeichnungen verursacht bei vielen Schlangen erhebliche Bestimmungsprobleme.

gen Felsplatte in eine Höhle. Unter dem Felsen versickert das Wasser, um einen halben Kilometer weiter in einem schilfbestandenen Teich hinter dem Strand wieder aufzutauchen, von wo es unter einem Wasserrad durch einen Kanal wieder ins Meer fließt. An den Kraterwänden wachsen Tropfsteine, hellgraue, olivgrüne, rosa- und sepiafarbene wolkig-spitze Formen, die naß im Sonnenlicht glitzern. Über dem Kraterrand, von dem Wurzelfasern herunterhängen, wölbt sich hoch und in hellem Blau der Himmel. Das Wasser unten ist tief und so klar wie blaues Glas. Wegen ihrer dichten Vegetation wurde Kephallinia manchmal als „Schwarze Insel“ bezeichnet, und wenn man die Hänge hinter Sami betrachtet, versteht man das. Hier breitet sich die Macchie in einer glänzend grünen Decke undurchdringlich über Täler und Hügel. Die Terpentin-Pistazien präsentieren im August Bündel roter Beeren, und die Kermeseichen auf den steinigen Höhen sehen aus, als ob ein manieristischer Gartenarchitekt die gewundenen Äste gestaltet hätte, die hier aus niedrigen Stämmen hervorwachsen. Kreuzdorn, Myrten und Erdbeerbäume tragen bereits grüne Früchte mit einem Anflug von Rot.

In Asos gibt es einen Zypressenwald, in dem niemals Bäume gefällt wurden. Dicht und dunkelgrün ziehen sich die Bäume an den steilen Felsen hinauf. Innerhalb der Mauern der Befestigungsanlage, die die Halbinsel beherrscht, befindet sich ein verfallenes Gefängnis, das von Feldern und Terrassen umgeben ist, die einst von den Häftlingen bearbeitet wurden und jetzt dem ungehemmt wuchernden Unterholz überlassen sind. Die Macchie ergreift Besitz vom Land. Fledermäuse und Gekkos bewohnen die Zisternen, in denen früher das Wasser für die Menschen und den Boden gesammelt wurde.

Die herrlichen Befestigungsmauern des Kastells von St. Georg, das sich auf einem Hügel südlich von Argostoli befindet, wurden im frühen 16. Jahrhundert so stabil wieder aufgebaut, daß das Erdbeben ihnen nichts anhaben konnte. Die Mauern scheinen den oberen Teil des Berges förmlich einzuschnüren, so daß die Bäume darüber aufragen wie ein Büschel Haare über einem Haarband. Beim Wächterhäuschen am Eingang spielen Kinder vergnügt mit einer toten Schlange. Es ist eine junge Vierstreifennatter, und sie haben sie getötet, wie sie sagen, weil sie giftig sei, „nicht wie die in Markopulo. Die Schlangen der Jungfrau Maria haben ein schwarzes Kreuz, das zeigt, daß sie gut sind.“

Markopulo feiert das Fest Mariä Himmelfahrt mit Verkaufsständen, Menschengewühl und einem Fotografen. Dieser fotografiert Leute, während sie eine harmlose Schlange halten, die von Hand zu Hand geht. Ihre Gesichter tragen den Ausdruck der Freude und Zufriedenheit: Wieder hat sich das alljährliche Wunder ereignet. Jedes Jahr in der Woche vor dem 15. August tauchen Schlangen mit schwarzen Kreuzen auf den Köpfen in oder nahe der Kirche auf. Dieses Jahr ist nur eine einzige Wunderschlange erschienen. Es ist eine junge Vierstreifennatter mit genau der gleichen Kopfzeichnung wie die, welche die Kinder unter den Burgmauern von St. Georg getötet haben. Für die Dorfbewohner besteht das Wunder in dem regelmäßigen plötzlichen Auftauchen der Schlangen und der Tatsache, daß sie harmlos sind. Das tatsächliche Wunder jedoch ist, wie sie voll staunender Ehrfurcht mit ihnen umgehen, anstatt Steine nach ihnen zu werfen und sie totzuquetschen.

Auf vielen griechischen Inseln gibt es zumindest einen langen Sandstrand. Früher mochten hier eine oder zwei Fischerhütten gestanden haben. Dörfer entwickelten sich an solchen Stellen selten, denn durch Sturmfluten entstehen zu viele Schäden, und es gibt auch nicht oft natürliche Häfen und sichere Ankerplätze. In den letzten 10 oder 20 Jahren wurden zu solchen Stränden Straßen gebaut, und Hotels und Villen schossen aus dem Boden. Die Schildkröten, die seit jeher an diesen Stränden ihre Eier legen, warten in der Dämmerung ängstlich, bis der letzte Urlauber zum

Sträucher des Hügellandes

Auf dieser Seite sind einige häufigere Sträucher der Macchie blühend oder fruchtend dargestellt. Beim Erdbeerbaum findet man Blüten und Früchte oft gleichzeitig.

Vier- bis fünfmal in jedem Sommer kommt die weibliche Meeresschildkröte nachts an Land und legt etwa 100 Eier ab. Nachdem sie ungefähr 60 Tage im warmen Sand vergraben waren, schlüpfen die Schildkrötenbabys und laufen geradewegs zum Meer. Die beiden Jungtiere, die hier zum erstenmal das Meer betreten, sind nur etwa vier Zentimeter lang. Eine erwachsene Meeresschildkröte ist fast einen Meter lang und kann 150 kg wiegen.

Abendessen verschwunden ist. Ein solch langer Sandstrand an der Südküste Kephallinias ist noch unbebaut. Tagsüber liegen hier zwar ein paar Urlauber in der Sonne, aber nachts gehört der Strand noch den Schildkröten.

Dunkelrot färbt sich der Himmel, als die Sonne hinter den Hängen des Enos versinkt. In einem langen Schwall brandet das türkisfarbene Meer rosa überhaucht ans Ufer. Ein Lichterband zeigt in den dunklen Bergen in der Ferne die Lage des Ortes Markopulo an, der am Tage in der hellen Sonne gar nicht zu sehen ist. Die zarte, drei Tage alte Mondsichel glänzt silbern am Himmel und macht mit den Sternen das Meer und den Sand glitzern. Im Gebüsch hinterm Strand ist hin und wieder ein Rascheln zu hören – vielleicht von Steinmardern –, und auf der ganzen Länge des Strandes liegen, etwa zehn Meter vom Wasser entfernt, jeweils mehrere pingpongballgroße Eier, die von den Schildkröten über die Sommermonate hier vergraben werden. Nach 63 Tagen im warmen Sand schlüpfen die winzigen Jungen aus und krabbeln mit kräftigen Flossenstößen und unfehlbarem Instinkt über den Strand aufs Meer zu. In diesem Sommer erblicken die jungen Schildkröten das Licht der Welt in einem Drahtkäfig, auf dem auf Englisch und Griechisch deutlich geschrieben steht: „Naturwissenschaftliches Experiment. Bitte nicht stören."

Um 10 Uhr unterbricht Motorengeräusch die nächtliche Stille. Die Lichter eines Landrovers nähern sich, und ein paar Leute, die die Ruhe weder durch Lärm noch durch Licht stören, steigen aus. An einem zentralen Punkt, wo seit Anfang Juni solch eine Gruppe jede Nacht ihr Lager aufschlägt, breiten sie ihre Schlafsäcke aus. Dies ist das sogenannte Basislager der Gruppe. James Sutherland, der Initiator des Projekts, gibt Anweisungen für die Nacht. Sie werden abwechselnd gewisse Teilstrecken des Strandes abgehen und auf die Ankunft von Muttertieren sowie das Schlüpfen von jungen Schildkröten warten. Sie stehen mit James und dem Basislager in Funkverbindung. Es herrscht eine heitere Ernsthaftigkeit. Bald rauscht es im Funkgerät, und eine amerikanische Stimme gibt durch, daß im Nest Nummer 6 junge Tiere sind. James läuft in erstaunlichem Tempo den Strand entlang, gefolgt von Tom, der an Alter und Umfang leicht das Doppelte aufzuweisen hat. Er ist aus Vermont, wo er Physikprofessor ist, hierhergekommen und verbringt seinen vierzehntägigen Urlaub damit, nachts die Bewegungen der Schildkröten zu verfolgen und aufzuzeichnen – eine freiwillige Arbeit für eine Naturschutzorganisation. Im Nest Nummer 6 drängen sich fünf eben geschlüpfte Tiere an jener Stelle des runden Käfigs, die dem Meer am nächsten liegt. Jedes einzelne wird herausgehoben und im Dämmerlicht einer Rotlichtlampe gewogen und vermessen: Länge, Panzergröße, Kopfmarkierungen und die Anzahl der Krallen an jeder Flosse werden festgehalten. Während ihr Panzer von Zeigefinger und Daumen gehalten wird, rudern sie hilflos in der Luft. Ihre Haut fühlt sich so trocken und spröde wie Herbstlaub an. Dann setzt man sie in einen Plastikbecher an einem Meßstab. Vierzehn Gramm schwer und 42 mm lang ist das erste Schildkrötenbaby. Kaum daß man es auf den Sandboden setzt, sprintet es wie ein Rennläufer in Richtung Meer davon.

Die Arbeit wird die ganze Nacht fortgesetzt. In der Morgendämmerung ist der Strand von Tritten aufgewühlt, und am Ende des kleinen Pfades, den die Schildkröten zum Wasser hin getreten haben, steht jetzt ein Mann mit einem schweren, gefalteten Netz unterm Arm. Er sucht die Untiefen nach Meeräschen ab. Wenn er einen halbwegs großen Schwarm sieht, wirft er sein Netz rund um die Fische aus. Heute hat er noch kein Glück. Er kommt aus Zakynthos und verfolgte die nächtliche Aktivität der Fremden mit der bewundernswerten Toleranz der Einheimischen gegenüber den Tausenden, die jeden Sommer ihren Urlaub unter ihnen verbringen. Schildkröten zu beobachten ist einfach eine Art Freizeitbeschäftigung wie Volleyball oder Windsurfen.

„Sie markieren sie", erklärt er irrtümlich, „um herauszufinden, wie viele es gibt. In Zakynthos", fügt er mit dem Stolz des Inselbewohners hinzu, „gibt es viel mehr Schildkröten als hier."

Hinter ihm streckt eine Schildkröte ihren Kopf aus einem Käfig. Sie ist die letzte, die gemessen und gewogen wird, bevor die Gruppe mit dem Landrover zurück nach Skala zum Frühstücken fährt. Bei Sonnenaufgang tritt das Baby seinen Marsch zum Meer an. Der feuchte Sand ist von den nächtlichen Fußtritten zu hohen Gebirgen und tiefen Tälern aufgewühlt, über die es sich mühsam rudernd vorwärtskämpft. Am Wasser angelangt, wird die kleine Schildkröte einen Augenblick lang von einer gischtigen Welle herumgewirbelt, um gleich darauf, mit den Vorderflossen schraubenförmig rudernd, die hinteren ausgestreckt, leicht und behende davonzugleiten. Noch einmal hebt sich ihr Kopf nach Luft, dann verschwindet sie im Meer.

Im Büro des Hafenmeisters von Zakynthos hängt ein Poster, das das Umweltschutzministerium herausgegeben hat: „Der Schutz der Meeresschildkröten liegt in deiner Verantwortung." Aber nur Regierungen können die Schildkröten schützen – indem sie verbieten, daß an solchen Stränden wie auf Zakynthos und Kephallinia gebaut wird, indem sie diese zu Naturreservaten nicht nur für die Schildkröten, sondern auch für die Mönchsrobben erklären. Wird die Öffentlichkeit je wollen, daß dies getan wird?

Die Unechte Karettschildkröte (Caretta caretta) ist im ganzen Mittelmeer bedroht. Ölpest, Schleppnetzfischerei, kommerzielle Verwertung und der Verlust von Brutplätzen durch den Tourismus sind vor allem daran schuld. Die Eiablage findet gewöhnlich nachts statt; die Zeichnung zeigt ein Muttertier, das bei Tagesanbruch seine Eier in einer Vertiefung ablegt, die es nachts mit den Flossen gegraben hat.

Die östlichen Inseln

Das Tal der Schmetterlinge auf Rhodos ist der einzige Ort in Griechenland, der nur einer Naturerscheinung wegen eine berühmte Touristenattraktion geworden ist. In den Sommermonaten erfüllen hier die leuchtend roten, blauen und weißen Flügel der Art *Euplagia quadripunctaria* die Luft, eines Nachtfalters, den man überall in Griechenland sehen kann, wo es Schilf gibt. Es ist ein häufig vorkommender Falter, der nur deshalb so große Beachtung findet, weil er hier in einer fast unglaublichen Individuenzahl und Farbenpracht zu sehen ist. Ein zweifellos wundervoller Anblick - aber wie viele Menschen, die scharenweise ins Tal der Schmetterlinge strömen, nehmen die Schönheit der Natur Griechenlands anderswo im Land wahr oder haben jemals mit der gleichen Bewunderung und Aufmerksamkeit einen einzelnen Schmetterling betrachtet?

Es ist eine faszinierende Besonderheit von Rhodos und den anderen Inseln, die der türkischen Küste vorgelagert sind, daß auf ihnen die Fauna und Flora Asiens und Europas ineinandergreift. Aus Verwaltungsgründen sind die Inseln in zwei Gruppen geteilt: den Dodekanes - also die 12 Inseln - und die Südlichen Sporaden - die verstreuten Inseln. Die Nördlichen Sporaden sind wieder eine eigene Gruppe, die gegenüber dem griechischen Festland in der Nähe von Euböa und Pilion, von den anderen aber durch die Ägäis getrennt liegt.

Es wäre nun zu erwarten, daß diese südlichen Inseln, die sich entlang der Küste Kleinasiens erstrecken und nahe beieinander liegen, eine einander ähnelnde Landschaft und eine etwa gleiche Tier- und Pflanzenwelt aufweisen, doch das ist durchaus nicht der Fall. Jede Insel ist anders. Und es gibt nicht nur Unterschiede zwischen den einzelnen Inseln, sondern sogar innerhalb einer Insel. Patmos, trocken wie es ist, könnte eigentlich zu den Kykladen gehören; Samos mit seinem Wald- und Wasserreichtum hat etwas von einer der Ionischen Inseln; Rhodos, Kos, Lesbos und Chios besitzen die landschaftliche Vielfalt des Festlandes, schroffe Gebirge, Weideflächen, Kiefernwälder und Hänge voller duftender Sträucher. Diese Mannigfaltigkeit an Lebensräumen ermöglicht natürlich die Existenz verschiedenartiger Tiere. Große Unterschiede gibt es auch in der Zahl der Besucher, die auf die Inseln kommen. Manche von ihnen werden ganz selten aufgesucht, andere gehören zu den beliebtesten im ganzen Mittelmeer. Flughäfen haben die lange Seereise zu den meisten von ihnen überflüssig gemacht, und von Mitteleuropa aus werden einige ein-, zwei-, ja dreimal am Tag angeflogen. Während der langen Sommermonate wimmelt es an manchen Plätzen von buntgekleideten Urlaubern wie von Faltern im Tal der Schmetterlinge.

Eine Burgruine auf Leros

Das Kloster St. Johannes auf Patmos

Seite 141: Auf Lesbos haben vulkanische Ergußgesteine, die durch Verwitterungsprozesse freigelegt wurden, eine Landschaft von bizarrer Schönheit entstehen lassen. Neben der prächtigen Gewelltblättrigen Königskerze (Verbascum sinuatum) rastet eine Zippammer.

17 − 9 = 8

24 − 13 = 11 : 2 = 5,5

Leros

Es gibt momentan weltweit vermutlich weniger als 1000 Mönchsrobben (Monachus monachus). Das Verbreitungszentrum dieser Robbe liegt in der östlichen Ägäis.

Wie ein blauer Blitz taucht zwischen den Pfeilern der Landungsbrücke ein Eisvogel auf und schießt unterm Heck des Bootes über das hellere, blaue Wasser des Hafens. Jenseits der seichten Meeresenge, die die Bucht von Xerokambos gegen den Hafen von Lakki abschirmt, sind auf Kalimnos vier Berggipfel im Dunst sichtbar.

Als wir gestern in Xerokambos ankerten, erschienen unter dem Heck die braunen Gesichter zweier Buben: Konstantin und Jannis sind zwei fünfzehnjährige Freunde, deren Geburtstage nur ein paar Tage auseinanderliegen. Sie kletterten an Bord und ließen einen Redeschwall los. Daraus ließ sich bald entnehmen, daß Konstantin in Kürze Griechenland erobern würde und wenn möglich die Welt, und wenn nicht schon morgen, so übermorgen. Gefragt, was er werden möchte, antwortete er, „eine ganze Menge. Erst Schauspieler, dann Rechtsanwalt. Also, ich erzähl' Ihnen jetzt die Geschichte von Leros.“ Das tut er, indem er von Zeit zu Zeit einhält wie ein guter Lehrer, der achtgibt, ob seine Zuhörer jeden Punkt erfaßt haben. „Kalimnos und Leros waren als gute Gefährten zur Zeit Homers bekannt. Wie Sie vielleicht wissen, schrieb Homer zwei Bücher. Damals wurde die Insel nämlich – also Leros – Lernos genannt, was im Altgriechischen dasselbe heißt wie *omalos*, nämlich sanft oder flach. Aber mit den Jahren wurde es zu Leros verfälscht.“

Die Geschichtslektion gerät manchmal auf Abwege, wenn Konstantin plötzlich etwas einfällt: „Haben Sie ein Fernglas? Sie können von hier die Ritter der Johannesburg sehen, genau bei der Kirche dort auf dem Hügel.“ Dann sagt er zu Jannis, der nach dem Fernglas gegriffen hat: „He! Das ist kein Selbstbedienungsladen“, und nimmt ihm das Glas weg, um selbst durchzuschauen. Jannis hat während des ganzen Vortrags nur bewundernd gelächelt, aber er ist in seinem Element, als die Rede auf Vögel kommt. „Ja, über Vögel weiß Jannis alles“, sagt Konstantin gönnerhaft.

Kurz zuvor waren zwei Möwen ums Boot geflogen. Die eine war eine Silbermöwe, die andere hatte einen Ruf ausgestoßen, aber weniger schrill, eigentlich mehr ein weicherer Klagelaut. Sie war nahe vorbeigeflogen, und Peter hatte sie als Korallenmöwe identifiziert. Ihr Rücken war von einem hellen weichen Grau, ihr roter Schnabel an der Spitze schwarz, ihre Beine hellorange. Aber Jannis konnte anhand der kleinen Abbildungen in dem Vogelbuch die ihm vertrauten Vögel nur schwer erkennen. Er ging gern mit den Vogeljägern mit, aber selbst schoß er keine Vögel. Warum sollte man Vögel töten? sagt er; wir sind alle Teil eines Kreislaufs. „Aber die Griechen“, seufzt Konstantin, „wollen nicht auf morgen warten. Was sie können, tun sie heute, ob es gut ist oder schlecht.“ „Und morgen“, sagt er, „wird es in Lakki Paraden und Schiffe im Hafen geben. Es ist der Jahrestag des Tages, an dem ein griechisches Schiff im Hafen bombardiert worden ist.“

Nach dem lebhaften Treiben im Hafen von Kalimnos kommt einem der Hafen von Lakki wie eine selten bewohnte Villa vor. Die Italiener bauten hier zwischen 1922 und 1943 breite Straßen und Herrschaftshäuser und pflanzten Dattelpalmen und Eukalyptus vor den imposanten Gebäuden ihres Flottenstützpunktes, in dem sich jetzt Krankenhäuser befinden und eine Hochschule, die nach dem Gedenkgottesdienst eingeweiht werden soll. Die Bewohner von Leros scheinen sich dieser einstigen Bedeutung kaum noch bewußt zu sein und führen ihr Leben in einem weit intimeren Rahmen und fern vom Haupthafen. Aber heute strömen sie alle zur Zeremonie nach Lakki. Seit Tagesanbruch haben fortwährend Boote angelegt, und die Musikkapelle paradiert am Hafen. Ein Patrouillenboot und ein Minensucher, die im Ha-

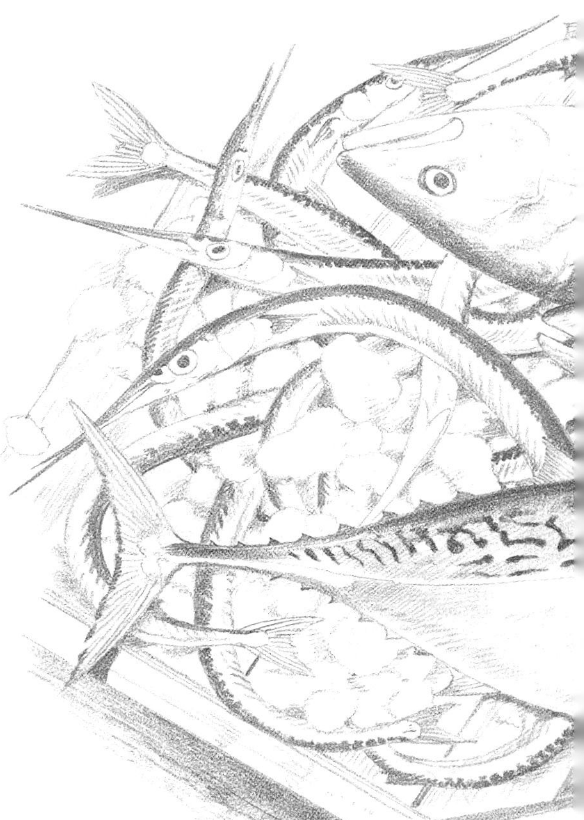

Die Korallenmöwe ist heute sehr selten geworden. Die östliche Ägäis ist eine der wenigen Gegenden, wo man sie noch beobachten kann. Im Gegensatz zu anderen Möwen zieht sie das offene Meer den küstennahen Gewässern vor.

fen vertäut liegen, sind über die Toppen geflaggt. Noch mehr Fahnen flattern rund um ein Podium am Kai. Die Menge versammelt sich bereits um den Gedenkstein. Nach stundenlangem Warten erscheinen drei prächtig gekleidete Priester an der Spitze der Würdenträger, die Kränze niederlegen werden. Es folgen die Überlebenden der Katastrophe mit ihren Familien, das Marineregiment, die Pfadfinder und Pfadfinderinnen und die Repräsentanten des Spitals. Der Bischof zelebriert einen Gottesdienst, die Kapelle spielt einen Marsch und die Nationalhymne, und feierlich werden die Namen der Toten in der Reihenfolge ihrer Dienstgrade verlesen. Nach jeder Namensgruppe wird ein Salutschuß abgefeuert. Knatternd fliegt ein Hubschrauber über den Himmel, dann ein Düsenflugzeug. Fotografen laufen, auf der Suche nach günstigen Blickwinkeln, umher. Die Menge in ihrer schönsten Feiertagskleidung lacht und scherzt miteinander. Bei den unter Fünfzigjährigen ist nur wenig gefühlsmäßige Anteilnahme an der Zeremonie vorhanden. Später lassen sich ein paar der Überlebenden von Verwandten vor den Gedenkkränzen fotografieren. Einer von ihnen, ein Grieche aus Alexandrien, der damals 20 Jahre alt war, kann in der Nacht immer noch nicht mehr als drei oder vier Stunden schlafen.

Über die Felsen und kleinen Inseln, die rund um die Küste einer nördlichen Landzunge von Leros aus dem tintenblauen Meer ragen, bläst ein frischer, reinigender Nordwind. Er peitscht das dunkle Meer auf, als wollte er versuchen, das Blau in Weiß zu verwandeln. Die Bucht von Partheni, die von der Landzunge geschützt wird, liegt da wie ein stiller blauer Teich. Gelegentlich ertönt über den gezackten Linien der umliegenden Berge ein Gewehrschuß. Es ist Sonntag, und an Sonn- und Donnerstagen ist Schießen erlaubt. Fünf Männer und drei Hunde gehen gemächlich über den Hang. Vier der Männer tragen Jagdanzüge, während der fünfte, in schwarzen Hosen und einem weißen Hemd, das sich über seinem Bauch bläht, aussieht, als sei er gerade von einem Nickerchen erwacht und trotte nur so mit. Er ist jedoch der erste, der einen Hasen an seinen Hosengurt hängen kann. Sein Hund hat ihn aus dem Dickicht hochgemacht und quer über den Hügel verfolgt. Ein Schuß explodiert in einem rosigen Wölkchen, das noch eine Weile über dem Hügel hängenbleibt, als der Hund schon zurückgekommen ist und ein Bündel Fell vor die Füße seines Herrn legt. Jetzt wird noch ein Hase gejagt. Zwei schnelle Schüsse fallen. Im Schatten eines Johannisbrotbaumes kauernd, verpaßt der Mann dem Hasen einen Handkantenschlag auf den Kopf und hängt ihn neben den ersten an seinen Gürtel. Aus der Ferne sieht es aus, als sei der Mann bloß dazu da, die beiden Trophäen der erfolgreichen Jagdexpedition seines Hundes zu tragen.

Der Fischverkäufer am Markt von Lesbos fügte seinem Singsang einen neuen Vers hinzu: „Meine Fische sind so gut, sie werden sogar gezeichnet!" Der lange, schlanke Hornhecht lebt in küstennahen Gewässern, während die längsgestreifte Pelamide und der Makrelenthunfisch mit seinem Zickzackmuster, die beide köstlich schmecken, im offenen Meer gefangen werden.

Von Amorgos nach Kalimnos

Im Hafen von Kalimnos sind 1000 Fischereifahrzeuge registriert. 14 davon sind Trawler, und 150 gehören den Schwammtauchern, die von Ostern bis in den Dezember hinein auf See sind.

In den Strahlen der aufgehenden Sonne ist die kleine Insel Nikuria eine grau-violette Kette spitzer, fliehender Dreiecke. Eleonorenfalken nisten noch hier, aber die Mönchsrobben kommen nicht mehr in die Höhlen der Insel. Jenseits der tiefen Bucht von Ägiali steigt die Nordküste von Amorgos abrupt aus dem Meer auf, eine riesige Mauer, die die nach einigen stürmischen Tagen sehr hochgehende Dünung auffängt. Zwei Stunden später, als am östlichen Horizont schon die Insel Kinaros zu sehen ist, platzt in einiger Entfernung plötzlich die glatte Oberfläche des Meeres. Delphine schnellen aus dem Wasser hoch. Sie haben uns entdeckt und sind ein paar Augenblicke später beim Boot; zwei, dann fünf, dann sieben tauchen auf und unter, wälzen und winden sich von einer Seite zur anderen, als würden sie ein unsichtbares Seil flechten.

Fünf Minuten lang schwimmen sie vor dem Schiff her. So plötzlich, wie sie gekommen sind, verschwinden sie wieder und hinterlassen wie immer das Gefühl eines Verlustes, vermischt mit Dankbarkeit für das Geschenk ihres Besuches.

Nachdem wir die felsige Kuppe von Kinaros hinter uns gelassen haben, ist die ferne Erhebung der Insel Levitha unser Richtpunkt. Die paar Gebäude, die die zwei Familien der Insel beherbergen, sind gerade über der Bergkuppe hinter dem tiefen Meeresarm sichtbar. Während einer etliche Jahre zurückliegenden Reise ankerten wir hier für eine Nacht und stiegen aus, um die Bewohner zu treffen. Die vierjährige Tochter einer der beiden Familien stand wie gebannt vor unserer vierjährigen Tochter. Sie hatte nie zuvor ein anderes Kleinkind gesehen und strich mit ihren Fingern über Sophies Gesicht und Haare – so voller Staunen, als sei sie eine lebendig gewordene Puppe.

Vom Meer aus sieht Kalimnos aus, als könne dort noch weniger Leben gedeihen als auf Kinaros und Levitha. Die Berghänge sind braun und kahl. Kein Busch oder Baum ist zu sehen. Aber kaum fährt man in den Hafen, überrascht einen dort ein lebhaftes Treiben, ein lärmendes und farbenfrohes Getümmel von Menschen, Au-

tos und Booten. Fischerboote in allen Formen, Größen und Farben liegen vertäut dicht beieinander, in einem scheinbaren Durcheinander von Masten, Netzen und Takelwerk. Am Sonntagabend hält der Priester die Messe, die ebenso wie die Predigt über Lautsprecher in der ganzen Stadt übertragen wird. Seine Stimme hallt von den Häusern wider, die in pastellfarbenem Blau, Grün, Rosa und Ocker eins hinter dem anderen aufsteigen. Die felsigen Hänge verhelfen seinen Worten zu einem Echo; das muß so befriedigend sein, wie in der Badewanne zu singen. Am Kai lenkt das Hupkonzert einer Hochzeitsprozession von der Messe ab. Mit Bändern geschmückte Autos bahnen sich ihren Weg durchs Menschen- und Verkehrsgewühl. Gedränge herrscht in einer Ecke um den Stand der genossenschaftlichen Verteilungsstelle der Honigerzeuger von Kalimnos. Unter einem diesbezüglichen Transparent spielt ein Mann auf dem Dudelsack. Der rosig-elfenbeinfarbene Hautsack ist ein Ziegenmagen. Die Musik, die ebenfalls von Lautsprechern verstärkt wird, übertönt jammernd und pfeifend den übrigen Lärm – so monoton und eindringlich wie das Gesumme der Bienen, die den Honig der Honigproduzenten erzeugen.

Im morgendlich ruhigen Wasser zerfließt der Hafen zu einem impressionistischen Gemälde. Die sich spiegelnden Farben erzittern und wellen sich in der zarten Brise, zerreißen und sammeln sich wieder. Farbenhändler müssen in Kalimnos ein gutes Geschäft machen: Auf dem weißen Rumpf eines jeden Bootes hat der jeweilige Besitzer mit Pinsel und Farben seiner Individualität freien Lauf gelassen. Man sieht förmlich, wie er seitlich einen braunen Streifen gezogen hat, dann einen gelben und darunter noch einen orangefarbenen, wie er das Motorhaus in helles Blau getaucht und die Fenster grün umrandet und dann mit einem Topf Scharlachrot ein paar Farbtupfer versucht hat – einen Pfosten, einen Schornstein, einen Rettungsring. Die leuchtenden Farben, mit denen hier so verschwenderisch umgegangen wird, sind der Natur der Insel abgeschaut: Das Grün der Zitronen und Limonen, das Gelb der Melonen und Dahlien, das Blau des Himmels und des Meeres, das Rot der Tomaten und der Mohnblumen, sie alle kehren in der Bemalung der Boote von Kalimnos wieder.

Viele Fischer locken ihre Beute nachts mit Hilfe von Licht an.

Diese typische Unterwasserszene zeigt links einen Goldstriemenschwarm (Boops salpa), eine Muräne (Muraena helena), die aus ihrer Höhle herausschaut, einen Meerraben (Sciaena umbra) und eine Tritonschnecke (Charonia nodifera). Am Grund stöbern einige Großköpfige Meeräschen (Mugil cephalus), daneben erkennt man mehrere Edle Steckmuscheln (Pinna nobilis). Im Vordergrund schwimmen ein Schriftbarsch (Serranus scriba), ein Kleiner Drachenkopf (Scorpaena porcus, rechts) und ein Gewöhnlicher Krake (Octopus vulgaris).

Lipsi

An diesem Oktobertag bin ich der einzige Mensch, der von der Paradies-Bucht Besitz ergriffen hat und sitze in der Mitte ihres grobsandigen Halbrunds. Die Insel Lipsi, zu der die Bucht gehört, könnte ganz gut das Versuchsmodell einer griechischen Insel sein: Sie ist etwa fünf Kilometer lang und drei Kilometer breit, und alles auf ihr ist klein. Schaut man von ihrem höchsten Punkt hinunter, meint man, mit der Landschaft spielen – die Boote über blaue Plastilinwellen schieben, den Mann auf dem Esel mit dem Finger den Hügel hinaufstupsen und die Ziegen über den Hang verstreuen zu können. Das „Modell" ist mit viel Sorgfalt geschaffen worden. Die vortrefflich gebauten und gut erhaltenen Steinmauern umschließen ordentliche Felder, auf denen eine oder zwei Kühe unter einem Olivenbaum festgebunden sind oder junge Hunde zwischen Ziegen und Hühnern umhertollen. Das größte Dorf liegt auf einem Hügel oberhalb des Hafens, wie es auf Inseln sein sollte. An den Ecken und Höfen der aneinandergebauten Häuser vorbei, führen Gäßchen zu einer eindrucksvollen Kirche mit einer blauen Kuppel und einem schönen Glockenturm. Der Fußweg vom Hafen zur Kirche ist aber nur ein paar Minuten weit. Man kommt sich wie Gulliver vor, freilich mit dem Vorteil, daß die Besucher hier größenmäßig zu den Einwohnern und der Insel passen.

Dieser Zustand wird wohl nicht von Dauer sein. Seitdem 1980 ein neuer Kai gebaut wurde, schießen die Häuser förmlich aus dem Boden. Wie auf anderen, ausgedehnteren Inseln sind es große, anonyme Blöcke, in die man hie und da mit dem Klischee einer Bogenveranda Abwechslung zu bringen versucht. Sie sind alle überdimensional gebaut. Ein auf der Landzunge einer Bucht errichtetes Haus läßt den Hügel, auf dem es steht, zwergenhaft erscheinen.

Den Namen dieser Bucht erfahren wir durch eine Tafel an einem solch riesigen Baukomplex, der sich auf der flachen Landzunge erhebt, die den Strand vom Hafen trennt: „Paradiesbucht-Restaurant". Der Schildermaler hatte entweder mehr Farbe oder mehr Geduld als andere auf der Insel, denn er hat das Wort vollständig ausgeschrieben.

RESTAURAN VA steht auf der Mauer an Vassilias Restaurant. Eine andere Mauer ist offensichtlich zu kurz. Man wundert sich, welche Fischsorte FISCHTAVE sein könnte, bis man die schmählich ins Abseits gedrängten Buchstaben RNA entdeckt.

Obwohl die einsame Besucherin der Paradiesbucht sich im Oktober hier fehl am Platz vorkommt, ist sie zumindest nicht die einzige Vorzeigetouristin, die das Versuchsmodell Lipsi zu bieten hat. Nachdem auf der neuen Betonstraße hinter der Paradiesbucht ein Mann auf einem Esel vorübergeritten ist, schreitet Barbara in ihrer Soldatenkluft daher. Sie kam 1979 zum erstenmal nach Lipsi und besucht die Insel wann immer sie kann. „Sie ist eine von uns", sagt Vassilia, umarmt und küßt sie und überschüttet sie mit Lobreden. Barbara beobachtet die Entwicklung auf der Insel mit Besorgnis. Drei Hotels sind geplant. Es ist zuwenig Raum für diese Art von Tourismus, meint sie, und hat versucht, das griechische Fremdenverkehrsamt in der Schweiz und die Behörden in Rhodos davon zu überzeugen. Lipsi ist viel zu empfindlich, um mehr als die vereinzelten Besucher zu verkraften, die schon jetzt kommen. In den drei Hotels würden Urlauber wohnen, die dann im nächsten Jahr vielleicht auf den Kanarischen Inseln Ferien machen, ohne einen Gedanken auf die Umstände zu verschwenden, die ihnen ihr kurzes Vergnügen ermöglichen; wie die Mädchen aus Skandinavien, die sich darüber beklagten, daß es nicht genug griechische Jungen in den Diskotheken von Rhodos gebe.

Die Zeichnung zeigt den zehnarmigen Tintenfisch Ptodarodes sagittatus.

„In Rhodos hört man kein Wort Griechisch mehr", meint der Taxifahrer auf Kalimnos. Er ist aus Australien in die Heimat zurückgekehrt. „Ein wunderbares Land, Australien. Man kann dort Geld machen und sich was sparen. Das Klima ist ausgezeichnet, es läßt sich dort leben, aber die Menschen . . .! Unmöglich. Für sie sind Ausländer Menschen zweiter Klasse. Da kann man nicht leben."

Immer mehr Griechen der 2. Generation von Auswanderern kehren in ihre Heimatorte zurück, um vom Tourismus zu profitieren. Keiner kann es ihnen übelnehmen, wenn sie auf der Insel ihrer Vorfahren ihr Auskommen zu finden suchen. Aber mit der gegenwärtigen Entwicklung können so kleine Gebiete wie Lipsi trotz guter Absicht zugrundegerichtet werden. Die Schönheit der Landschaft verschwindet unter Beton, die Inselbewohner verlieren ihre Eigenarten, die kleine Gemeinschaften nun einmal begünstigen. Das Geld rollt und ist der einzige Gesprächsstoff. „Sogar im Winter", sagt Kostas von Siphnos, „kommen wir nicht mehr zusammen und reden und singen, wie wir das früher getan haben." Er sagt das bedauernd, aber resigniert. Es gibt kein Zurück, und er hat wie alle anderen gebaut und gebaut. Es ist niemandes Schuld, und gleichzeitig trägt jeder Schuld.

Gut instandgehaltene Steinmauern mit Buschwerk obendrauf sind charakteristisch für Lipsi. Die Abbildung zeigt einen kleinen Landsitz mit Dreschboden, Kuhställen, Hennen, Ziegen, Eseln und Kühen.

Die Kuppel dieser Kirche auf Patmos ist mit weiß gekalkten, einander ziegelartig überlappenden flachen Steinen gedeckt.

Die Goldbrasse (Sparus auratus) besitzt kräftige Kiefer, mit denen sie Krabben und Muscheln knacken kann. Im Hintergrund ein Schwarm Brandbrassen (Oblada melanura).

Patmos

Bienenfresser, Schwalben, Krähen und Schwalbenschanz-Schmetterlinge gleiten in den kräftigen Luftströmungen über die Terrassen, die steil unterhalb des weißen, am Fuß des burgähnlichen Klosters liegenden Dorfes abfallen. Von der Stelle mit den drei verfallenen, teilweise eingstürzten Windmühlen – aus einer von ihnen wächst ein Feigenbaum – sieht man weit über die gelbbraune Insel mit ihren lebhaft blauen Aussparungen überall da, wo das Meer tiefe Buchten und Meeresarme in das Land gegraben hat. Im Hafen liegen drei Dampfschiffe nebeneinander am Kai. Sie haben Tagesausflügler aus Samos und Kos hergebracht. Eine Linie von Inseln begrenzt wie Barrikaden den nördlichen Horizont: Ikaria mit hohen grauen Klippenwänden, dann die niedrigen Höcker von Furnia, und weiter östlich, langgezogen und abfallend, Samos.

Die winkelige Stadt schluckt die Busladungen von Touristen, die sich in dem Labyrinth der engen autofreien Gassen fast zwangsläufig leiser verhalten und in kleinen Gruppen dahin und dorthin verstreuen, wie Fische, die durch ein Felsenriff geschleust werden. Die Schätze und die Architektur des Klosters üben diesen Einfluß aus; sie bewirken eine andächtige Stimmung.

Auf halber Höhe des Hügels liegt ein anderes Kloster. Es wurde über jener Höhle errichtet, in der der heilige Johannes die Vision hatte, die ihn zum Schreiben der Offenbarung inspirierte. Zu Mittag ist es bis drei Uhr geschlossen. Aber gerade als zwei Griechinnen und wir darüber diskutieren, ob man warten solle, tritt ein graugekleideter Priester heraus. Als die Frauen, welche für einen Tag aus Kos herübergefahren sind, ihm sagen, daß sie extra hergekommen sind und nur wenig Zeit haben, läßt er uns ohne viele Worte ein. Er geht voran durch ein Gewächshaus. Eine steile Treppe führt zu einer weißgekalkten Terrasse hinunter, auf der der Priester eine Glocke läutet. Dann schließt er das Tor der Kirche auf. Die Frauen zünden Kerzen an, bekreuzigen sich dreimal und beugen vor jedem Heiligenbild das Knie bis zum Erdboden. Ein junger Mann, von der Glocke herbeigerufen, tritt ein und schlägt rasch die richtige Seite im Gebetbuch auf dem Chorpult auf. Als Antwort auf eine gemurmelte Frage der Frauen begibt er sich zu einem Felsübergang, unter dem an der Mauer Ikonen hängen. Darunter ist an der Wand ein schmaler getriebener Silberreifen rund um eine Einkerbung im Stein befestigt. Hier, erklärt er, habe Johannes seine Hand angelehnt, als er am Boden lag. Eine zweite, kleinere, von einem Reifen umfaßte Kerbe ist jene, in die er seine Hände beim Beten aufstützte.

Ein Stück weiter bildet der Felsen eine von der Wand abfallende Schräge, gleichsam ein Schreibpult, auf dem Prochoros die Vision, die Johannes ihm diktierte, niederschrieb. Jetzt ist sie mit einem Teppich bedeckt. Der junge Mann weist auf die Stelle im Überhang, wo der Felsen sich durch die Kraft der Offenbarung in drei Teile spaltete, was die Dreifaltigkeit symbolisiere. Die Frauen bekreuzigen sich an jeder dieser denkwürdigen Stätten. Eine der beiden betrachtet die Ikone, die den ruhenden Johannes und seine Vision darstellt, mit besonderer Ehrfurcht und im Glauben, Johannes selbst habe sie gemalt. „Nein, nein", sagt der junge Mann, „sie ist erst viel später entstanden."

Die Atmosphäre in der Höhlenkirche überträgt sich wohl auf jeden Besucher, wie skeptisch er auch sein oder welchen Glauben er haben mag. Die tiefe Gläubigkeit und jahrhundertelang geübte Andacht haben ihre Spuren hinterlassen.

Vom Gipfel eines schroffen Hügels auf der gegenüberliegenden Seite des Hafens wird die Zeit fast wie ein Bild sichtbar. In den Kirchenglocken, die an diesem

Sonntag im Kloster geläutet werden, wird etwas bewahrt, das vor 2000 Jahren begonnen hat. In der Bucht unten ankern riesige Vergnügungskreuzer, deren Passagiere Patmos „abhaken". Zwei Kellner in schwarzen Hosen und weißen Hemden spazierten früh am Morgen, als sie gerade außer Dienst waren, am Kai entlang. „In diesem Jahr gibt's nicht so viele Amerikaner", sagten sie. „Reagan hat unsere Kreuzfahrten sabotiert." Die 7-Tage-Reise beinhaltet Haifa in Israel ebenso wie Patmos und Rhodos. Busse schlängeln sich durch den ausgedehnten Hafenort und über das glänzende Asphaltband aufwärts.

Aber oben auf dem Berg gehört die Zeit den Jahrhunderten vor Christus. Hier war einst eine Kultstätte, zu der die Menschen pilgerten, eine Stätte des Lebens und des Todes. Kaum jemand, außer Ziegen und Schäfern, klettert noch die scharfen grauen Felsen aus Vulkangestein herauf, auf denen Flecken orangefarbenen Ginsters leuchten und hie und da ein Kristall, in dem die Sonne wie in Splittern eines zerbrochenen Spiegels funkelt. Der steinige Boden ist übersät mit Tonscherben. Dann und wann findet sich ein besonderes Stück darunter, eingeschnitten oder schwarz bemalt, ein gebogener Vasenrand oder der Teil eines Henkels - etwas, das eine Verbindung zu jenen Menschen schafft, die so lange hier gelebt haben - vor so langer Zeit. Teile ihrer Mauern, rosig-graue Steinblöcke, stehen ebenfalls noch. Auch sie haben die Jahrhunderte überdauert, was man später von vielen modernen Gebäuden vermutlich nicht sagen kann.

In fast allen griechischen Häfen gibt es zahme Enten, die darauf warten, daß ihnen von den Booten aus etwas Nahrhaftes zugeworfen wird.

Das Dorf Patmos im Oktober - die ersten Regenfälle des Herbstes kündigen sich an.

Die Häuser in dem Dorf Pirgi sind bekannt für ihren Wandschmuck. Die Mauern werden mit einer Farbe bemalt, die schwarzen Sand enthält, und dann getüncht. In die noch feuchte oberste Schicht werden die Muster so eingeritzt, daß der dunkle Untergrund zum Vorschein kommt.

Chios

„Schauen Sie sich nach meinem Sohn um", bat uns eine Frau im Hafen von Samos, wo sie einem Matrosen einen Korb aushändigte. Um den Rand hatte sie ein Stück Stoff genäht und den Namen ihres Sohnes daraufgeschrieben. „Er geht auf die Marineschule in Chios. Er ist braunhaarig und hat braune Augen. Sie können ihn nicht verfehlen, er wird am Kai warten."

Der kleine Dampfer läuft aus und fährt mit dem Wind in Richtung Norden. Eine Handvoll Ausländer genießt die frische Luft an Deck. Unter Deck verteilen sich ein paar Frauen mit schwarzen Kopftüchern und Körben auf den Bänken, und einige abenteuerlich aussehende Männer trinken Kaffee oder legen sich zum Schlafen hin. Der *saloni* ist so klein und es gibt nur so wenige Passagiere, daß man Essen und Gespräche miteinander teilt. Solche Überfahrten sind Gelegenheiten für geselliges Beisammensein, und Fremde sind immer für eine Unterhaltung gut. Bald hören wir von einer Frau in einer weißen Strickjacke, wie sehr uns Chios gefallen wird; es ist voller Sehenswürdigkeiten, die wir auf keinen Fall versäumen dürfen. Die Stadt Chios ist wie Athen, mit herrlichen Geschäften und hohen Wohnhäusern. „Wenn Sie ein Buch schreiben wollen, werden Sie eine Menge Interessantes auf Chios finden." Sie sagt, daß sie selbst sehr gerne liest. „Nicht wie meine Freundinnen, die nur über Essen und Kleider reden. Ich reise viel und möchte immer etwas über die Gegend wissen, wo ich hinfahre." Einigermaßen überraschend ist es zu hören, daß sie Friseurin ist, denn ihr Haar ist nicht gerade ihre Stärke. „Wir Grie-

chen lesen nicht“ seufzt Tassos, der sich nun zu uns an den Tisch setzt. Er erzählt, er sei Schriftsteller, Spezialist für Reisen und Wirtschaft. Die Friseurin sinkt immer tiefer in ihre Wolljacke, je mehr Tassos die Unterhaltung an sich zieht. Er ist als Redner nicht zu bremsen, und die Zeit verrinnt in einer Flut von Worten. Femde sind keine Gesprächspartner, sondern in erster Linie Publikum. Griechen sind wunderbare Redner und Lehrer, und Griechenland ist etwas für Leute, die gern zuhören und lernen. Aber als Peter versucht, eine naturgeschichtlich fehlerhafte Information zu korrigieren, ist Tassos unfähig, zuzuhören und selbst etwas zu lernen.

Auf Chios sieht man (die Worte klingen mir im Ohr wie eine Litanei) mittelalterliche Festungsstädte, malerische Dörfer und *xysta*. In Pirgi umherzuspazieren ist, als wäre man in einem Areal mit lauter Zebras – jede verfügbare Fläche jedes nur möglichen Hauses ist mit schwarzweißen geometrischen Ornamenten bemalt; es ist, als bedienten sich die Häuser einer Tarnung aus Licht und Schatten, um sich vor der kahlen, felsigen Landschaft zu verstecken. Von den Balkonen hängen an Schnüren kleine, rote Tomaten, die für den Winter getrocknet werden. Mit gespreizten Knien unter ihren Schürzen sitzen in dunklen Torbögen Frauen und trennen mit großen, flachen Sieben den Blattabfall vom Mastix. Pirgi ist eines der Dörfer auf Chios, die vom Mastixharz leben. Die Büsche, die überall in Griechenland auch wild wachsen, werden so geschnitten, daß sie sich zu kleinen Bäumen entwickeln. Mit ihren nackten Stämmen und verdrehten Ästen unter einem Blätterbaldachin sehen sie wie Bonsaibäume aus.

An einer Steinmauer, nicht weit vom Dorf, ist ein Esel festgebunden, und auf der Terrasse darunter liegt unter einem Mastixbäumchen ein Mann, der mit einem Spatel das Harz von der Rinde kratzt. Die heruntergefallenen Stücke fegt er mit Reisigbesen beiseite. Die Harzkügelchen sehen aus wie von der Sonne aufgeweichte Diamanten. Die Arbeit auf den Mastix-Terrassen, sagt er, beginnt am 1. Juni. Zuerst beseitigt man das dürre Laub, um die rote Erde unter jedem Baum sauber zu haben. Dann werden Einschnitte in die Rinde gemacht und zwei, drei Monate hindurch wird das Harz abgekratzt und gesammelt. Die Arbeit der Frauen ist es, während der Wintermonate das Mastix-Harz zu säubern und zu sortieren. Ameisen, die an den Zweigen hochkrabbeln, bleiben manchmal kleben und werden im Harz eingeschlossen. Großzügig gibt uns der Mann eine Handvoll Gummi zum Kauen. Ein Kilo erzielt zur Zeit 2500 Drachmen, und das Sammeln und Säubern ist eine zeitraubende, mühevolle Arbeit.

In Mesta, das zwischen braunen Hügeln kauert, gelangen wir durch enge Gassen zu einem Hof, in dem ein paar Leute *raki* herstellen. Sie sind für den ganzen Tag versorgt mit einem Tisch, Kaffee, Trauben und Gläsern, um den Alkohol zu testen. Über einem prasselnden Feuer hängt ein großer, geschlossener Kessel, in dem ein Brei aus Feigen und altem Wein kocht. Ein Kupferrohr leitet den Dampf durch einen Kaltwassertank zu einem Spundloch. Die Leute um das Feuer werden immer fröhlicher, je mehr der Tag sich seinem Ende zuneigt und laden Vorübergehende ein, ein Glas zu probieren. Mit der Flüssigkeit könnte man ein Raumschiff starten – schon die Dämpfe allein sind berauschend. Botschaft an die Friseurin: Nach dem Genuß von *raki* in Mesta sieht man auf Chios nur noch wenig.

Mesta liegt im Mastix-Anbaugebiet der Insel Chios. In einer schmalen Gasse sortiert und reinigt eine Frau Mastix auf einem Sieb.

Das Harz der Mastix-Sträucher findet zur Herstellung von Kaugummi und Süßigkeiten und zum Würzen von Likör Verwendung.

Samos

Wo ein Sonnenstrahl durch das Blattwerk auf eine kaum bewegte seichte Stelle im Fluß fällt, sind seltsame schwarze, lichtumrandete Kleckse zu sehen. Die Sechsergrüppchen aus zwei großen und vier kleinen Flecken schnellen von Zeit zu Zeit auseinander, um sich gleich wieder zusammenzufügen. Sie sehen wie die winzigen Abdrücke einer Pandabärenpfote aus. In Wirklichkeit sind es Schatten, die mehrere hin- und herflitzende Wasserläufer auf die Wasseroberfläche werfen.

Durch eine Schlucht zwischen dichtbewaldeten Hügeln stürzt der Fluß in Kaskaden über Felsbrocken herab. An seinen Ufern wachsen Alpenveilchen, Efeu und Frauenhaarfarn über einer Schicht aus dürrem Laub. Oleander, Zypressen und Kreuzdorn bilden ein dichtes Unterholz, das im Sonnenlicht silbern glitzernde Spinnennetze wie Girlanden überziehen. Auf der gegenüberliegenden Flußseite klammert sich eine alte Steinmauer, der Schwerkraft und den Jahren zum Trotz, an die Uferbank. Wie ein zerlumpter Vorhang unter einem Schleier aus Spinnweben hängen Baumwurzeln mit Erdklümpchen, Moos und Efeu stalagtitenförmig an ihr herunter. Durch harzduftende Kiefernwälder folgen wir dem Weg flußaufwärts. Immer wieder stoßen wir auf alte, tief in die Erde gesunkene, moosige Mauern, und auf einer Terrasse mit gepflegten Birnen- und Apfelbäumen ist der Stein einer Bauernhausruine unter den Efeuranken kaum noch zu sehen.

Nach der kargen Vegetation der südlichen Inseln Agathonisi, Arki, Patmos, Lipsi, Leros und Kalimnos ist das auf Samos herrschende Grün immer wieder überraschend. Heute früh haben zwei Arbeiter beim Ireon das grüne Unterholz, Schilf und Gras geschnitten. „Wenn wir es einen Monat stehen lassen, sind die Ruinen zugewachsen", sagen sie. Der Sommer hier ist so trocken wie anderswo auch, aber durch die Ausgrabungen hat sich der Boden gesenkt, so daß er jetzt näher am Grundwasserspiegel ist. Auf den Wegen zwischen den Fundamenten der Tempel und der Stadtanlage wächst dichtes Gras, das jetzt gemäht ist.

In der Umgebung gibt es undurchdringliche Schilfgürtel. Über dem Wald aus Halmen, in dem Teichrohrsänger singen, fliegen Schwalben auf und ab. Eine einzelne mächtige Säule, trotz verschobener Segmente noch stabil, hebt sich scharf gegen den Hintergrund der kiefernbestandenen Hügel ab. Das Kap beim Ireon ist eines der geplanten Robbenreservate. Ein Fischer, der im Hafen von Pythagorion Netze herrichtet, weiß davon nichts.

„Jeder, der sagt, er liebt die Mönchsrobben", meint er – mit Anspielung auf das Regierungsplakat –, „ist ein Lügner." Er zeigt auf ein Knäuel blaßgelber Netze. „Alles zerfetzt", sagt er. „Die Robben zerreißen sie, wenn sie nach den Fischen schnappen. Ich hab' gehört, daß auf ein paar Inseln die Fischer dafür entschädigt werden, aber nicht hier. Und dann, wie kann jemand beweisen, daß es Robben waren, die das Netz kaputtgemacht haben? Das geht nicht." So nehmen die Fischer Gewehre mit, und in den Sommernächten, wenn die Tiere besser zu sehen sind, schießen sie sie ab. „Fischen ist unser Lebensunterhalt, was sollen wir machen?"

Die Sonne versinkt hinter dunklen Wolken und säumt einen Augenblick lang den Rand eines Berges in der Türkei östlich der Meeresenge mit einem schimmernden Band. Ein Dreimastschoner schiebt sich langsam ins Blickfeld und für einen Moment in eine Umrahmung aus skeletthaft aufragenden Ruinen am Rande der Bucht. Die Burg wurde 1824 von den Türken belagert, und über dem Tor der innerhalb der Mauern errichteten Kirche steht: Christus errettete uns am 6. August 1824. Auch ein Friedhof liegt innerhalb der Burgmauern. Hinter kleinen Glasfenstern auf grauen und weißen Grabsteinen brennen Dochte in Ölschalen. Plötzlich

Oben: Auf Samos gibt es ausgedehnte Wälder, und viele Bäche führen auch im Sommer Wasser.

Unten: Dieses Tal hinter Kokkari zeichnet sich durch seinen reichen Baumbestand aus. Hier gibt es Walnuß-, Kirsch- und Kastanienbäume sowie Zypressen, Oliven, Pappeln und Platanen.

Zwei Frühjahrsblüher, deren eigentliche Heimat in Kleinasien liegt, erreichen auf Samos ihre Verbreitungsgrenze: die Großfrüchtige Traubenhyazinthe (Muscari macrocarpum) und die süß duftende Orientalische Hyazinthe (Hyacinthus orientalis). Der Schmetterling (Archon apollinus) gehört zur Familie der Ritterfalter.

zerreißt ein donnerndes Dröhnen am Himmel die Stille, und ein riesiger dunkler Schatten braust über uns hinweg, daß die Gläser auf den Gräbern klirren. Es ist ein Düsenflugzeug, das die letzten Urlauber dieser Saison heim in die Schweiz trägt.

Für Margit und Werner ist es Zeit, den türkischen Hafen zu erreichen, in dem sie den Winter verbringen werden. Ihr Schiff, das Werner selbst gebaut hat, liegt in einer Reihe mit zehn anderen, die alle darauf warten, die Meerenge von Samos zwischen Pythagorion und Kusadasi in der Türkei zu überqueren. Kürzlich erfolgte Änderungen griechischer Gesetze haben eine Anzahl von Bootseignern in diese Richtung gedrängt. Werner macht das Wort „Nordwind" schon ganz krank. Der *meltemi*, der, wie ihm Fischer versichert hatten, Ende August aufhören würde, hat den ganzen September über und weit in den Oktober hinein geweht. Die beiden

Auf der alten Straße aus dem 7. Jahrhundert v. Chr., die die Stadt Samos mit dem Hera-Heiligtum (Heraion) verband, suchen Kappenammern nach herabgefallenen Samenkörnern.

In den ausgedehnten einsamen Pinienwäldern von Lesbos gibt es viele Füchse.

erzählen, wie früher im Jahr ein Unwetter sie südlich von Ikaria überraschte, wo die Gebirgsbarrikade gegen Norden den Wind in gewaltigen Stößen herunterpreßte und das Meer nach allen Richtungen peitschte.

Von Platanos aus gesehen, liegt der Golf silbern und ruhig in der Nachmittagssonne. Im Westen runden sich waldige Hügel salbeigrün im dunstigen Gegenlicht.

Wir halten Ausschau nach blühenden Herbstgoldbechern, aber nur Malven, Flohkraut und Alpenveilchen blühen rund um die Stämme der Olivenbäume. „Wann wird es regnen?" fragt eine Frau, die eine Klamm hinter der am Meer gelegenen Ortschaft Kokkari aufwärtssteigt. Sie hat auf ihrem kleinen Landbesitz oben in den Hügeln ein paar Granatapfelbäume gepflanzt und geht jede Woche hinauf, um sie zu bewässern. Das steile Tal ist voller Bäume – Pappeln, Platanen, Wildkirschen, Walnußbäume, Edelkastanien, Zypressen, Johannisbrot- und Olivenbäume und Wacholder. In einer kleinen Kapelle ist dieser Reichtum auch in den Fresken festgehalten. Die gewölbte Decke ist nicht mit Heiligenfiguren bemalt, sondern mit einem Girlandenmuster vielfältigster Gewächse. Blumenbouquets und ockerfarbene, grüne und rote Schlingpflanzen ranken sich über den Stein.

Die erhofften Herbstgoldbecher fanden wir zwar dann doch nicht hier oben, aber als wir die Straße zur größten Hafenstadt von Samos hinunterfuhren, rief Werner plötzlich: „Gelbe Blumen!" Und da, über dem Zement einer Haarnadelkurve, drängte sich ein Büschel glänzender Goldbecher aus der steinigen Erde.

Lesbos

In den Olivenhainen von Lesbos ist der Boden übersät mit blühenden Herbstgoldbechern, gelben Flecken auf der ausgedörrten Erde. Auch hier wartet jeder auf Regen. Die Oliven, für die die Insel berühmt ist, werden nur dann groß und dick, wenn es früh im Herbst regnet, sonst fallen sie, klein und trocken, von den Bäumen.

Die Stadt Molivos mutet an, als enthielte sie allen Regen, der je gefallen ist. Die Häuser sind aus dunklen grau-roten Steinen; Fensterläden, Türen und Fenster sind in dunklen Farben gestrichen – in bläulichem Rot, dunklem Ocker, stumpfem Grün. Der Himmel ist bedeckt, das Licht bleiern, und in der Burg oberhalb der Stadt weht der Wind Abfall unter die Bänke.

Lesbos, die drittgrößte Insel nach Kreta und Euböa, wird nach ihrem Haupthafen oft auch Mytilini genannt. Wie auf Chios erinnert die Hafenstadt an Piräus. Die Cafés in der Nähe der Kais scheinen die Vergangenheit zu beschwören: An hohen, nilgrün- oder blaugekalkten Wänden hängen in einer Linie wie eine Gezeitenmarke Kleiderhaken, Spiegel und abgelaufene Kalender mit längst verjährten Daten. An den Tischen und auf Sesseln mit geflochtenen Sitzen reden und gestikulieren Männer unter einer Glocke aus Zigarettenqualm. Der Raum ist sehr hoch, und die Fenster zur Straße sind so groß und von innen so mit streifenförmig einfallendem Licht beleuchtet, daß die Männer wie Wesen am Grund eines Aquariums wirken. Sogar am frühen Morgen ist das Café voll. Das bevorzugte Essen zum Frühstück ist *patsa*. In dem kleinen Café „Das Nest" in einer Straße hinter der Hafenfront stehen zwei Schalen vor uns. *Patsa* ist köstlich. Es ist eine Suppe aus Innereien.

Vor einem Fleischerladen liegt auf dem Pflaster ein Fuchs, dem Blut aus der Nase tröpfelt. In den Pinienwäldern, die im Südosten einen großen Teil der Insel

Infolge vulkanischer Tätigkeit wurde vor zwanzig Millionen Jahren ein ganzer Wald auf Lesbos buchstäblich zu Stein. Einige Baumstümpfe sind noch übrig – steinerne Pinien mit ockerfarbener Rinde und farblich abgesetzten Jahresringen.

bedecken, hausen Füchse, Marder, Hasen und Kaninchen. In den hohen Kastanienwäldern über Agiassos flitzt ein rotes Eichhörnchen vor uns über den Weg. Unter den Pinien blühen Herbstzeitlosen mit ungewöhnlich langen Blütenblättern und einem hohen dreieckigen Stengel. Ein schwarzweißer Specht dreht seinen roten Kopf fragend von einem Apfelbaum weg. Weiter westlich wird die Landschaft kahl und felsig. In Einschnitten zwischen den Hügeln konzentriert sich die Vegetation – immer in Wassernähe. In den klaren Untiefen eines Flusses, an dessen Rand Pappeln, Weiden und Oleander stehen, liegen wie schwarzbraun gefleckte Steine einige Kaspische Wasserschildkröten.

Wenn die Insel heute noch so viel Schönes und Interessantes birgt, wie muß es erst vor 2300 Jahren gewesen sein! Hier sind Theophrast und Sappho aufgewachsen, diese Landschaft hat sie inspiriert. Wäre Sappho dieselbe Dichterin geworden, wenn sie anderswo aufgewachsen wäre? Und hätte Theophrast fünfzehn Bücher über Pflanzen geschrieben, über ihre Entstehung und Entwicklungsgeschichte? Nicht weit von ihrem Geburtsort, Eressos, ist auf der Landkarte der Versteinerte Wald eingezeichnet. Zu ihrer Zeit muß er sich über ein großes Gebiet erstreckt haben und ein bemerkenswerter Anblick gewesen sein. Heute ist er trotz Karte kaum zu finden. Am Ende des Weges, der mehr wie ein Steinbruch ist, stehen auf Schildern Informationen über den Wald; wie er vor 20000000 Jahren durch vulkanische Tätigkeit entstanden ist, wie die Bäume unter der Lava zu Stein wurden, wie hoch der höchste Baum ist (6,05 m) und welchen Umfang der dickste hat (8,30 m). „Nichts zerstören oder mitnehmen" mahnen Tafeln an jeder Seite. Aber man schaut sich vergebens um – nichts als flechtenbedeckte Felsbrocken. Der Wald wird doch nicht *gestohlen* worden sein? Aber genau das ist passiert. Jahrelang haben die Leute die Steinbäume abgekratzt, und jetzt sind nur noch ein paar Stumpen übrig. Sie schauen wie Bäume aus: Pinien mit ockerfarbener Rinde und lachsrosa, weißen und hellroten Jahresringen. Es ist gerade noch genug da, daß wir staunen und bewundern und ärgerliches Bedauern über die Gier des Menschen empfinden.

An einer seichten Stelle im Fluß streckt eine junge Kaspische Wasserschildkröte ihren Kopf aus dem Wasser, um Luft zu holen, während ein erwachsenes Tier auf einem Stein ein Sonnenbad nimmt.

Ein Beginn und ein Ende

Diese war die letzte einer Reihe von Reisen, die wir für dieses Buch nach Griechenland unternommen haben. Sie begann 1983 in Athen und endete 1985 auf Lesbos, von wo wir im ersten Herbstregen ein Flugzeug nach Athen nahmen. Es dämmerte, und Regen begann zu fallen, wie ein Vorhang am Ende eines Theaterstücks. Mit einem Mal war die Luft erfüllt vom Kräuterduft der umliegenden Berge, als atme das Land selbst erleichtert auf. Und nun liegt ein Stoß Notizhefte, schwach nach Kräutern riechend, in einer Schublade in Devon, und ihr Inhalt, sortiert und auf fliegenden maschinenbeschriebenen Blättern verfügbar gemacht, wartet darauf, mit Peters Zeichnungen sein Leben in einem Buch zu beginnen. Staunen, Bewunderung und Schmerz sind niedergeschrieben: Gefühle, die von solchen Reisen nicht wegzudenken sind.

In Griechenland wurde kürzlich demonstriert. Die Drachme hatte eine plötzliche und wesentliche Abwertung erfahren. Jetzt lesen wir, daß es weiterhin Inflation und wachsende Unruhen gibt. Die Nachrichten machen uns, wie alle schlechten Nachrichten aus Griechenland, betroffen. Es ist, als litte ein naher Verwandter. Man kann unmöglich erwarten, daß die Regierung und das Volk in solchen Zeiten darangehen, die Natur zu schützen, während reichere Nationen sie in größerem Ausmaß zerstören. Aber schützen müssen wir sie, nicht nur in Griechenland, sondern überall, sonst werden auch wir selbst nicht überleben. Wir Menschen sind Teil eines Kreislaufes, was sogar die zwei Buben auf Leros begriffen haben. Die Ökologie kennt keine Grenzen; so wenig wie unser Bemühen Grenzen kennen sollte, den Nationen die Bedeutung naturbelassener Umwelt bewußtzumachen – und unsere Abhängigkeit von ihr.

Devon 1986

Auf den steilen bewaldeten Hängen oberhalb von Agiassos auf Lesbos blühen im Oktober Herbstzeitlosen und Alpenveilchen.

Danksagung

Unser Dank gilt allen Menschen, die mit uns sprachen, die uns halfen und uns mit Informationen versahen. Die Namen mancher von ihnen werden im Buch erwähnt, aber unseren besonderen Dank möchten wir noch den folgenden Personen aussprechen: Byron Antipas und Peter Brussalis von der Griechischen Naturschutzgesellschaft; außerdem John Kutsis, Nikos Saxonis und Martin Young. Anthony Huxley und William Taylor danken wir dafür, daß wir aus ihrem Buch „Flowers of Greece“ zitieren durften; außerdem den Autoren aller anderen Bücher, die uns auf unseren Reisen begleiteten, aus denen wir lernten und die wir im Literaturverzeichnis empfehlen.

Gerald Durrell sind wir zutiefst zu Dank verpflichtet. Er schrieb das Vorwort zu unserem Buch. Unseren innigsten Dank möchten wir jenen aussprechen, die das Reisen in Griechenland zu einer wahren Freude für uns gemacht haben – den Griechen selbst, den Hütern des Landes und seiner Natur.

Literatur

Pareys Buch der Säugetiere, G. Corbet und D. Ovenden (Parey, 1982).
Der Kosmos-Vogelführer, B. Bruun, A. Singer und C. König (Franckh/Kosmos, 1986).
Pflanzen Europas, O. Polunin (BLV, 1980).
Die Tagfalter Europas und Nordwestafrikas, L. G. Higgins und L. D. Riley (Parey, 1978).
Pareys Reptilien- und Amphibienführer Europas, E. N. Arnold und J. A. Burton (Parey, 1983).
Collins Bird Guide, S. Keith und J. Gooders (Collins, 1980).
Flight Identification of European Raptors, R. P. Porter, I. Willis, S. Christensen und B. P. Nielsen (Poyser, 1981).
Seabirds, P. Harrison (Croom Helm, 1983).
Let's Look at North East Greece, M. Shepherd (Ornitholidays Guides, 1983).
Flowers of Greece and the Aegean, A. Huxley und W. Taylor (Chatto & Windus, 1984).
Flowers of the Mediterranean, O. Polunin und A. Huxley (Chatto & Windus, 1978).
Wild Orchids of Britain and Europe, P. und J. Davies und A. Huxley (Chatto & Windus, 1983).
Greek Flora, H. Baumann, griech. Ausg. (HSPN, Athen, 1984).
Amphibians of Europe, D. Ballasina (David & Charles, 1984).
Guide to the Flora and Fauna of the Mediterranean Sea, A. C. Campbell (Hamlyn, 1982).
Fishes of the Sea, J. und G. Lythgoe (Blandford, 1971).
Blue Guide: Greece, S. Rossiter (Ernest Benn, 1981).
Corfu and the Other Ionian Islands, M. Young (Jonathan Cape, 1981).
Nature (Berichte der HSPN, Athen).
The Mountains of Greece, G. Sfikas (Efstathiadis, Athen, 1978).

Index